Venezuela Festiva

Tradiciones culturales ancestrales y populares

José Millet
Autor-editor

Enzio Provenxano Clark

Ediciones Fundación Casa del Caribe. Venezuela, 2018

Venezuela Festiva. Tradiciones culturales ancestrales y populares

ISBN: **9781718015791**

A todas las comunidades visitadas largo de estas casi dos décadas de trabajo en el Instituto de Cultura del Estado Falcón, con el que me relacioné a principios del siglo XX con el profesor Humberto Clark; a los trabajadores, obreros de servicios y técnicos que me conocieron entonces y luego cuando formalice mi relación de trabajo en el año 2005 hasta i jubilación involuntaria en agosto del 2013.

A los poetas Benito Mieses, César

Índice

AGRADECIMIENTOS ESPECIALES A

Críspula Chávez, La Duquesa, Parroquia El Charal, Municipio Unión
Fundación José Cecilio Salas, comunidad San Pedro, Parroquia Mapararí, Municipio Federación; capataz el shamán Rodolfo Garcés, reina, José Castillo, Santos Colina
Nasser Navarro, parroquia Mapararí, Municipio Federación
Casa de la Diversidad Cultural y a su directora, la arquitecta Mercedes Medina
Olga Camacho, su familia e integrantes del Tambor Coriano La Camachera
Fundación Los Locos de La Vela de Coro
Margarita Díaz, Leonel Vera, Jhomar Loiza y familia de Galo Guanipa y su Tambor Veleño
Club social y deportivo "La Guinea", de la ciudad de Coro
Francisco "Chico" Rojas, Profesores "Chendo" Chirinos y Willy Marín
Familia Cazorla
Familia de Trina Curiel, Josefina y Goyo Curiel, Henry Curiel
Mario Aular, cronista del barrio Curazaito
Fundación San Benito
Judith Rojas
En Cuba: Instituto Cubano de Antropología (ICAN), Centro de Estudio y desarrollo de la cultura cubana "Juan Marinello" y Dr. Jesús Guanche.

A los miembros del Equipo de estudios del CENTRO DE INVESTIGACIONES SOCIOCULTURALES del INCUDEF
Lic. Mario Aular Chirinos

Investigador, cronista del Barrio Curaxaito de Coro, Estado Falcón.
Lic. Eduardo Concepción
Magnífico investigador del CISC del INCUDEF.
Luis Cazorla
Magnífico investigador del CISC del INCUDEF
Lic. Enna Zavala
Investigadora del CISC del INCUDEF
Enxio Provenxano Clark
Investigador aguerrido del CISC del INCUDEF

Prólogo del autor-editor

José Millet

Con el presente libro continuamos las publicaciones impresas correspondientes al **Atlas Etnográfico Cultural del Estado Falcón-Venezuela y el Caribe**, obra sin precedentes en nuestra patria venezolana por su enfoque y alcance, en la que venimos trabajando desde mayo del 2007, a partir de la firma de convenios con el Instituto Cubano de Antropología, perteneciente al Ministerio de Ciencia, Tecnología y Medio Ambiente de la República Cuba, que brindó valiosas herramientas metodológicas y experiencias a partir de su decisiva participación en la confección del **Atlas Etnográfico de la República de Cuba** y con otras instituciones de la región, como la Universidad Nacional Experimental Francisco de Miranda (UNEFM) a través de su Centro de Investigaciones arqueológicas, antropológicas y paleontológicas (CIAAP) bajo de la dirección del Maestro Francisco Emiro Durán Márquez (+) y la gerencia regional del Instituto Nacional de Estadísticas (INE), entre otras.

La invitación a involucrarse activamente a este proyecto creador fue extendida a cuantas entidades y personalidades realizan estudios ubicados en las ciencias sociales y humanísticas en el Estado. Como valor agregado a la utilidad de la producción de conocimiento, que es el objeto principal de nuestra labor, llamamos la atención acerca de la perentoria necesidad de que las comunidades participaran y participaron activamente en el proceso creador del Atlas, en razón de que sus son ellas, a un tiempo, el objeto principal y el sujeto protagonista del quehacer relacionado con la reconquista de la memoria colectiva y también de la promoción de sus creaciones más trascendentales, y las que están mejor preparados para enfrentar los factores que actúan en favor de su debilitamiento y deterioro.

El equipo de nuestro Centro de Investigaciones Socioculturales (CISC), integrado por los Asistentes de Promotores Culturales Eduardo Concepción y el Lic. Oscar Lázaro, la TSU Enma Zavala, el folklorista Luis Cazorla y el TSU en turismo EnZio ProvenZano Clark, estos dos últimos del Departamento de Cultura Popular de nuestro INCUDEF, se ha aplicado desde el año 2005, paciente y laboriosamente, mediante eventuales investigaciones de campo y entrevistas, a acopiar información y documentación relacionada con los bloques temáticos de que se compone la obra.

A partir de sucesivos esquemas del **Atlas**, esa data ha sido alojada en uno de los ordenadores del CISCEF, donde quedará alojada definitivamente para que nos sirva del material imprescindible del que partiremos para seguir construyendo el **Atlas** y divulgarlos a través de numerosas modalidades de publicación impresa y digital, como lo hemos venido haciendo en Internet. Así, partiendo de esta definición de que el Atlas es, en primer término, una base de datos, hemos ido echando mano a sus contenidos para publicar algunos materiales en Internet (ver, por ejemplo, el sitio web de nuestro Atlas: http://sites.google.com/site/atlasdelestadofalcon/ y el sistema de blogs http://atlasetnograficodefalconvenezuela.blogspot.com y www.aliprimerajosemillet.blogspot.com además de www.archivocubano.org y www.afrocubaweb.com, en los que se incluye este propio cuaderno de las fiestas). Simultáneamente, hemos ido elaborando cuadernos para su ulterior publicación en forma impresa: como el que acaba de imprimir dedicado a una manifestación ancestral precolombina del pueblo ayamán conocida por el nombre de Las Turas y mi libro **Alí Primera. Biografía documentada y testimonial** en la que venía trabajando desde hace varios años y que incorporamos a la sección de personajes de alto significación en lo que es la identidad coriana y, tal vez, la *falconía*.

Concepto de fiesta usado aquí

La fiesta o las fiestas son aquellas tradiciones o costumbres trasmitidas de generación en generación por la vía oral y que se concretan en un espacio en que tienen lugar un conjunto de actividades con los que un grupo social celebra un hecho de significación para la vida humana o para el colectivo que las ejecuta de un modo especial. Así, a guisa de ejemplo, constituyen hechos de significado para una familia o colectivo suprafamiliar el nacimiento, el día del onomástico o cumpleaños, o la llegada a la edad de fertilidad o de situación de aptitud para contraer matrimonio de una persona, los cuales se convierten así en motivos para reunirse, compartir e intercambiar cosas de dos naturaleza: invisible, como recuerdos, experiencias y material, como bebidas y comidas, en un ambiente de intimidad, confianza, alegría y diversión, en los que se puede incluir la danza, el baile y la ejecución musical en vivo o grabada, entre otros eventos. Debemos recordar que entre los actos que se ejecutan en este espacio de alegría y distracción se encuentran los juegos, una de cuyas acepciones es la de festivales y espectáculos, según la Real Academia Española, 1984: 801. De modo que existe una amplia espacio común en que juegos y fiestas coinciden, siendo la pura diversión y recreación lo que los distingue de otras tradiciones culturales y artes creativas incluidas en nuestro Atlas.

Cuando las fiestas se ajustan a patrones ceñidos a las reglas de determinados grupos sociales se convierten en **rituales**, que deben ser ejecutados ajustados a tales normas suyas, como ocurre en un matrimonio; y cuando se ajustan a los cánones de una institución civil adoptan el carácter de una solemnidad, de cosa seria que se repite casi mecánicamente sin márgenes a la creatividad y la posibilidad de innovación, que la aparta así de esta connotación lúdrica antes referida con el objetivo de llamar la atención acerca de los conceptos de fiestas, juego y de otras manifestaciones conexas. Este último caso puede ser ilustrado cabalmente con las fiestas religiosas que tienen lugar en las naciones pertenecientes al Occidente judeo-cristiano, con predominio de las impuestas por la tradición religiosa de la Iglesia católica, que en sus celebraciones exige apegarse de modo absoluto y total a las formalidades y a la reglamentación estricta del canon establecido por la institución y por su cuerpo de sacerdotes que lo hacen cumplir estrictamente. Para este caso, preferimos hablar de **festividades** religiosas, marcadas por la solemnidad y el "enseriamiento" de los actos, distante y opuesto a la actitud de entrega a la diversión y al entretenimiento que tienen para mí los actos que forman parte de las fiestas en su sentido originario.

Trabajos de investigación y antecedentes

Oportuno es recordar que nuestro equipo de estudio hizo una revisión documental minuciosa en bibliotecas y archivos locales, así como una la investigación de campo rigurosa para elaborar un estudio comparativo entre dos comunidades emblemáticas de la cultura regional: el barrio coriano La Guinea y la comunidad rural Macuquita. En este estudio fue decisiva la participación de dos personas sin cuya intervención hubiese sido imposible haber podido llevar a buen término aquella meta que se concretó en la restitución del nombre original del referido asentamiento urbano y su declaración como Patrimonio Cultural e histórico del Municipio Miranda al que pertenece. No sólo los nombres de Mario Aular y de Luis Cazorla, sino el reconocimiento a su autoría quedaron claramente establecidos en el libro **La Guinea, barrio afrocaribeño de Coro.** En aquella obra, publicada por INCUDEF en 2007, fruto de aquella labor de estudio de importancia pionera, tuvimos el primer acercamiento a fiestas y tradiciones culturales de nuestro pueblo que ahora incluimos en el presente Cuaderno de Avances del Atlas, como determinadas costumbres funerarias y las de la bajada del ángel, la del Niño Jesús, la de San Benito, la de San Antonio y, naturalmente, la relacionada con la fiesta mayor del tambor coriano, representado magníficamente por Olga Camacho y su agrupación La Camachera. Bajo aquel impulso inicial, Cazorla terminó por descubrirse como lo que es: un magnífico investigador, que se ha aplicado desde entonces a sistematizar todo la información acumulada durante muchos años de estudio y a escribir para darla a conocer en forma de libros, entre los que cabe mencionar aquí su **Calendario de fiestas populares tradicionales del Estado Falcón**, por cuyo empleo aparece entre los autores de la presente obra, con toda propiedad y justicia.

Con el presente libro ofrecemos un repertorio de los acontecimientos, de gran importancia para la cultura de un colectivo, que denominados *fiestas*, cuya acepción más general se refiere a espacios en que la gente se reúne para compartir en una atmósfera donde predomina la alegría, el entretenimiento y las actividades meramente recreativas en que se comparten música, comidas, bebidas e incluso puede bailarse informalmente y con total relajación, situación muy propicia para la improvisación, la risa, el chiste, las mascaradas y el juego. Aparentemente, según lo observamos en el día a día y particularmente los fines de semana del venezolano, se trata de hacer que los hechos que nos rodean nos hagan permanecer felices y contentos, tanto en lo corporal como en la esfera de las emociones y del espíritu. Parecería que en esta dirección se encuentra el camino de ese estado que llamamos convencionalmente la felicidad. Mas, existe un fondo que debe ser tomado en cuenta si queremos acercarnos al verdadero sentido de lo que es la realidad, en la que hay que tomar en cuenta los opuestos, donde todo no puede ser placer sin fronteras. Remite a la unidad de la vida, con sus extremos opuestos, del nacimiento y la muerte, genialmente vistos en la intuición de Nietzche en su obra **El origen de la tragedia.** En aquellas fiestas ancestrales predominaba la orgía y la absoluta liberación de las fuerzas creadoras de la criatura humana denominadas simbolizadas en Baco, de ahí su calificativo de *fiestas báquicas,* de las cuales surgieron diversas artes como las dramáticas, mientras que algunos pueblos construyeron otras tradiciones en que reafirman su identidad e unidad indisoluble, como lo observé repetidas veces en Galicia con su reafirmación del fondo ancestral celtíbero mediante la celebración del día de San Juan, realizada cada año el 24 de junio y pueden ser observadas en nuestra región caribeña en los famosos carnavales de

Rio de Janeiro, Trinidad Tobago o Santiago de Cuba.

En consecuencia, las fiestas remiten a espacios en que se aclama el nacimiento de un niño, el rito de echarle agua si no tiene a mano un cura sino un cura de sabana o alguna persona de prestigio comunitario, su circuncisión en el caso de ser judío, su bautizo en la iglesia si es cristiano, su cumpleaños y los denominados "ritos de pasos" con que el grupo al que alguien pertenece marca momentos de gran simbolismo, como la entrada en la edad de la fecundidad—en términos locales las populares fiestas de quince años, por ejemplo. A veces estos eventos iniciáticos tienden a ser consagrados socialmente o institucionalmente, como cuando estas uniones sexuales consensuales con que consumamos la unión que garantiza la continuidad de la especie humana adquieren el carácter de matrimonios realizados en el seno de una comunidad o en presencia de una institución religiosa, como puede ser una iglesia o simplemente la comunidad de hermanos con que comparte ideas, creencias y principios sujetos a una ética religiosa, como es el caso de las religiones protestantes o aquellas de otra base étnica, como las de las religiones afrocaribeñas. A menudo no tomamos en cuenta las ceremonias mortuorias que tienen lugar en nuestras sociedades locales caribeñas de base africana, como las que ocurren en algunas islas del Caribe donde las honras fúnebres constituyen verdaderos festivales con predominio del juego, los cuentos orales, la música, danzas y bailes colectivos con que sus miembros despiden el alma del fallecido, lo llevan al cementerio y luego conmemoran su regreso al seno de su comunidad mediante banquetes fúnebres en que se come y brinda colectivamente. Estas celebraciones las hemos observado en República Dominicana, Cuba, así como sus reminiscencias permanecen vivas en comunidades rurales de la Sierra Coriana y con rasgos propios en las que tienen lugar en comunidades de fuerte base afro, como La Macuquita, ubicada en su pie de monte.

Tamb   a esta categoría de celebraciones festivas pertenecen los banquetes y los simposium, así como otras de carácter menos "civilizado", como las famosas *fiestas campestres*, que tienen lugar a cielo libre con absoluto predominio de actividades de competencia y de juegos tradicionales, muchos de ellos en procesos de desaparición. Asimismo, puede referirse a un conjunto de actividades con que se exalta u honra un hecho o a alguien con alta significación para un grupo humano, sea éste reducido numérica o territorialmente o, por el contrario, del mayor número y extensión espacial físicamente hablando, como es el caso de una nación como Venezuela, donde se celebra la fundación de un pueblo o el encuentro de pueblos y culturas que hoy se celebra aquí como el Día de la Resistencia Indígena, en sustitución de la la racista "Día de la Raza", fiesta con que antes se conmemoraba el supuesto "descubrimiento de América", atribuido al intrépido navegante Cristóbal Colón, realmente aquel aventurero e inescrupuloso jefe de la empresa de conquista capitalista de nuestro continente que se inició con su desembarco el 12 de octubre de 1492, en la isla Guhananí, frente a las costas sureñas del oriente cubano. A partir de la colonización de nuestro continente, se impuso a nuestros pueblos originarios que lograron sobrevivir al exterminio, la cultura judeo-cristiana y, como consecuencia a mediano y largo plazo hasta el presente, el enfoque impuesto por la visión dominante de los Imperios de la Europa occidental cristiana, apostólica, romana o protestante-- en el que quedaron insertas luego las sociedades criollas y nacionales del continente americano-- las refiere al concepto suyo de *lo sagrado*, referido a la Santísima Trinidad, de Jesuscristo, la Virgen María, los ángeles y acontecimientos notables de la vida del Hijo de Dios y de los santos. Al adoptar este punto de vista, estamos entonces obligados a referirnos a las *fiestas fijas* o que se celebran cada año durante una fecha fija y las *fiestas movibles*, cuya pauta temporal depende de cuándo caiga la Pascua florida; en este sentido, hay fiestas universales que se realizan en las naciones cuya religión oficial es la católica, la musulmana o la judía, nacionales, regionales y étnicas, como ocurre con las celebraciones de los pueblos errónea y discriminatoriamente denominados "indígenas", por ejemplo. En cuanto a este último tipo de fiestas, en nuestra región falconiana tenemos algunas de relieve especial, como la que se realiza en diciembre de cada año en el Puerto de La Vela de Coro, derivada de las *Fiesta de los Locos* que tiene su origen en el cristianismo medieval derivado de las fiestas Saturnales romanas y realizadas como ésta en el último mes del año. Todavía se mantiene el gran regocijo popular que se desborda en los barrios y en paseos de pequeños grupos de personas que se atavían con vestuarios fastuosos y existen también debilitados trazos de aquellas representaciones que se daban a nivel de la vida parroquial en que se recordaba la huida de la Sagrada Familia a Egipto, el sacrificio cruento de los Niños Inocentes y la Burra de Balaam, por la cual esta celebración recibió el sobrenombre de fiesta de los asnos, en la que elegían dignatarios tales como el Papa de los tontos y el Cardenal de los idiotas, por lo cual fueron suspendidas en países de tradición liberal como la ilustrada Francia, donde tuvo que intervenir su parlamento ante el fracaso de las prohibiciones eclesiásticas.

Contrario a lo afirmado por nosotros en nuestras primeras obras publicadas sobre el carnaval caribeño en la década de los ochenta, la fiesta no es sólo una solemnidad, religiosa o no, con que se conmemora un acontecimiento o una personalidad culturalmente importante, sino un evento de mayor alcance que puede relacionarse incluso con la producción material, como tiene lugar palmariamente en el caso de la tradición amerindia Las Turas. Estamos en presencia de un conjunto de acciones, ritos y ceremonias relacionados con la siembra, la cosecha y el procesamiento del maíz, del cual nació el Hombre, según este pensamiento mítico afortunadamente vivo en nuestra región falconiana. Desde el inicio mismo de la elaboración de nuestro **Atlas,** hemos insistido en el hecho de que. en la cultura, son más importantes los procesos de creación, mantenimiento y transmisión de símbolos que los productos finales a que estos procesos dan lugar, de ahí que hayamos montado más de 150 de estos procesos en forma de diagramas montados con fotos para demostrarlo, entre los que están los incluidos en este cuaderno acerca del proceso de ritos de propiciación y de elaboración del maíz para obtener la chicha, bebida que se consume a manera del cuerpo y la sangre del maíz, en sustitución de la de Dios, en acto similar al de la consustanciación consagrada por Jesús mediante la Eucaristía, luego de la famosa cena pascual en que anuncia su muerte por la traición de uno de sus doce Apóstoles.

En conclusión, las fiestas tienen lugar en todos los ámbitos de la vida social y no exclusivamente en la esfera religiosa, como puede desprenderse de este esquema eclesiástico. Y, en consecuencia, aquí ofrecemos una selección de las diferentes singularidades en que esta diversidad de celebraciones se ha expresado a lo largo del tiempo y se muestran hoy, públicamente, en diversas localidades de nuestra región con su sello característico. El presente Cuaderno de Avances del Atlas, no obstante, arrastra una limitación fruto de que la mayoría de las festividades que se registran en los libros y en las publicaciones periódicas consultados para su elaboración son aquellas con que la Iglesia católica, como instrumento de dominio ideológico y clasista, ha pautado como las solemnidades predominantes o en la exaltación de la memoria de un santo, habiéndolas convertido en las famosas "fiestas patronales", de carácter, pues, eclesiástico. Para desvirtuar este error metodológico, estamos en el deber de recordar que la primera acepción de la palabra *fiesta* es la de diversión o entretenimiento no sujeto a norma o regla de esta última índole, y, justamente, así queda ratificada en el primer significado dado por el Diccionario de la Real Academia de la lengua española (DRAE), al referirlas a las solemnidades nacionales con las que una sociedad rinde tributo a determinados acontecimientos o personalidades consideradas por la gente como *históricas* o de alta significación social. ¿Quién puede negar que el día de la independencia nacional del yugo del Imperio español y el del nacimiento de El Libertador Simón Bolívar no son motivos para desatar la alegría, levantar las copas y bailar colectivamente, reforzando el sentimiento de la unidad nacional? Las fiestas patrias son eventos inscriptos en el núcleo de la conciencia del pueblo como dignos de la mayor exaltación y pertenecen a la cultura con toda propiedad y profundidad de este concepto. Pese a que la consideramos como el esfuerzo mayor por proporcionarnos una visión de conjunto de la cultura popular venezolana, lamentablemente, ninguna de estas fiestas civiles están registradas en el **Atlas de tradiciones venezolanas**, de la Fundación Bigot ni en la cantidad y fundamentación cualificada que exige el rigor de las ciencias sociales y humanísticas—lo que es aun más grave-- en los recientes **Catálogo cultural venezolano** del Instituto del Patrimonio Cultural del Ministerio de la Cultura que, de haberlas incluido, las hubieses declarado patrimonio de la nación, como lo son sin lugar a dudas, con su consiguiente tratamiento sujeto a la ley que las protege y regula para que se consoliden los valores de que son portadoras.

Ofrecemos aquí el registro tanto de aquellas fiestas que permanecen sembradas en lo más profundo del inconsciente colectivo --o sea, las más tradicionales-- y de aquellas otras que se hayan extendido en la sociedad al punto de de ser identificadas como las de mayor aceptación social actualmente, o sea, las calificadas de populares. Nos hemos esforzado en presentar, al menos, un conjunto de las incluidas en la tipología de fiestas terrenales, seglares o civiles y de las de pauta religiosa. A la manera de fichas preliminares procesamos y presentamos la información obtenida de algunos de libros, de publicaciones periódicas y mediante entrevistas realizadas en investigaciones de campo en que las hemos observado, hayan tenido lugar aquéllas en sus propias comunidades o fuera de ellas. Estamos conscientes de que han quedado fuera muchas otras que, con igual derecho, estamos obligados a registrar e incorporar en ulteriores publicaciones. Quedamos en deuda con miembros de comunidades y grupos portadores de tradiciones culturales, quienes nos han ofrecido sus testimonios e, incluso, también escritos de puño y letra como los incluidos en Las Turas por portadores de San Pedro y de Mapararí, lo que multiplica el valor de este cuaderno. Estas fuentes primarias han sido reforzadas con la información extraída de los 12 catálogos correspondientes a igual cantidad de municipios del Estado Falcón, los cuales nos han sido, amablemente, facilitados por el Instituto de Patrimonio Cultural y que están basados en entrevistas realizadas a numerosas personas de la región, por lo que podemos afirmar que nuestra publicación está firmemente anclada en este tipo de fuentes. Su fichaje y redacción las realizaron Pedro Eduardo Concepción y Enna Zavala, quienes aparecen pues como autores principales del presente Cuaderno; yo los revisé e hice algunas anotaciones que publiqué originalmente en la web, mientras que, inicialmente, la corrección de estilo corrió a cargo del poeta Gregorio Menéndez (+).

Las presentes notas más que una presentación formal constituyen la reiteración del hecho de que nuestra obra marcó un antes y un después en lo que respecta a los estudios etnográficos y de la sociología de la cultura en Venezuela. La verdadera presentación la harán las comunidades, en cuya historia y tradición culturales todas estas publicaciones se sustentan, una vez sus miembros se mantengan despiertos siempre y se dediquen a elaborarlos desde su perspectiva original y su óptica popular. Lo abrimos con el Cuaderno dedicado a Las Turas, porque en más de un aspecto se trata de la manifestación de lo más simbólico de cuanto ha permanecido vivo de la vida espiritual de nuestros pueblos originarios en nuestra región: aquí están sus voces, las de quienes han mantenido y transmitido tanto sus contenidos como sus expresiones características, de generación en generación hasta el presente. De su puño y letra tomamos su explicación e interpretación de este fenómeno de la espiritualidad que deberá ser tomado más seriamente en cuenta. Esas voces se unen a las nuestras, en calidad de estudiosos del hombre y de sus creaciones, como un llamado a que deberemos trabajar juntos de aquí en adelante para alcanzar los objetivos y las metas que nos hemos propuesto. Este cuaderno no es sin no un medio más con que queremos llamar la atención del destinatario al que van dirigidos nuestros esfuerzos: las comunidades y, dentro de ellas, los docentes que sabrán identificar y llevar a la conciencia de sus educandos los valores de alto contenido movilizador y belleza creados por ellas, mantenidas y fortalecidas cada vez más gracias a este modesto esfuerzo de formación y exaltación de su espiritualidad.

Lic. José Millet,
Jefe del CISC

I.- Las Turas, tradición cultural ancestral venezolana de origen *ayamán*

Al recién finado Capataz de Las Turas Hipólito Casiano Castillo, de la comunidad agrícola San Pedro de Mapararí y, en su nombre, al de todos los creadores de tradiciones festivas, ancestrales y populares, de nuestra región falconiana.

FIESTA: **FECHA:**
Ancestral-amerindia   Variada, generalmente: 23 y 24 de septiembre.
24 de junio o cualquier otra fecha que se solicite un
"son de turas"

LUGAR:
Municipios Federación y Unión del Estado Falcón.

Las Turas constituyen una tradición precolombina ancestral mágico-religiosa, que es practicada por los descendientes del pueblo Ayamán, según estos mismo reconocen. Con ella se solicita a la naturaleza buenas cosechas y se le agradece por las ya recogidas. El territorio del pueblo ayamán estaba conformado por las tierras que ahora ocupan los Municipios Federación y Unión, de la sierra falconiana y por el cerro de Moroturo y Siquisique, en el Municipio Urdaneta, región norte del Estado Lara. La voz *tura* es la mazorca de maíz en espiga, a la que están saliendo los granos. Tura es también la flauta que acompaña al rito y está hecha de carrizo. La Tura Macho tiene tres orificios y la Tura hembra dos orificios.

Las Turas se celebran en diferentes ocasiones. Puede ser cuando un agricultor hace una promesa y la paga con un son o danza de turas en su conuco, plantación o en su "patio"; o en las fechas establecidas en cada pueblo o comunidad turera. "Patio" llaman los tureros el sitio específico donde regularmente se monta el altar alrededor del cual "bailan" los sones de Turas. El altar consiste en una rústica construcción, de unos tres metros de alto, donde se entrecruzan ramas de plátano, palma, flores y varas de caña de azúcar. Al centro de este altar una o más cruces, a veces vestidas con coloridos papeles, otras veces desnudas; de madera o metal, pero siempre rodeadas de las ofrendas a los santos, espíritus y a la Madre Naturaleza y que consiste en frutos de las cosechas, como tomates, naranjas, yucas, granos, aguacates, piñas, parchas y otras. También cesterías y taparas en diferentes formas. Por supuesto no falta la "chicha", que es preparación exclusiva de la Reina y las bebidas espirituosas con las que se rocían las gargantas y el altar; generalmente, cocuy de penca.

Las Turas se presentan en dos formas: Tura grande y Tura pequeña. La Tura grande es de carácter privado y se celebra en lugares secretos por los descendientes ayamanes. La Tura pequeña, de carácter público, se celebra durante toda la noche, en los "patios de turas".

Las Turas presentan una jerarquía conformada de la siguiente manera: El Capataz, El Mayordomo o Shamán, La Reina, los tureros, cacheros y danzantes. Cada quien tiene una labor específica dentro del ritual. La Reina, por ejemplo, es la encargada de preparar la chicha y/o la mazamorra de maíz, así como el hervido o sancocho; ayuda en la construcción del altar, enciende las velas que alumbran la cruz del altar, brinda ante el árbol de la basura y lava los utensilios empleados en el rituaL. El Capataz, quien junto a la Reina es elegido por los espíritus de la naturaleza, entre otras funciones coordina la dirección de la danza; ya sea en sentido de las agujas del reloj, ya sea en contra; dirige las plegarias a los espíritus y a los santos, entre son y son. Los tureros, (generalmente son hombres, a excepción de Las Turas de Los Cañitos, en el Municipio Unión, donde también "turean" mujeres) que danzan alrededor del altar, en un sentido y en otro y que ejecutan las turas, los cachos, las maracas y las taparas; y finalmente las danzantes por fuera, generalmente mujeres, aunque también lo hacen unos pocos hombres, quienes agarradas (os) por la cintura marcan acompasadamente tres pasos hacia delante y tres hacia atrás, dándole vueltas al altar. Algunos tureros nos informan que los tres pasos hacia delante significan "que las cosechas sean abundantes" y los tres hacia atrás "la solicitud o pedido por una lluvia copiosa".

José de Los Santos Castillo y Ángel Colina, tureros de **San Pedro de Mapararí,** nos dicen que los instrumentos que se usan en el rito de **Las Turas** son: **Turas macho**, de tres agujeros y **Turas hembra,** de dos y que son flautas hechas de carrizo. **Los Cachos**, que son el frontal o frente del venado, o matacán, se dividen en: **Cacho grande**, que agujereado apropiadamente, da un sonido grave. **El Cacho mediano**, hace el dúo al grande y **el Cacho pequeño**, "que representa el son que se está tocando". **Las maracas**, con pequeños agujeros en la tapara, rellenas con capachos y pedacitos de zinc y **las taparas**, a las que se sopla por un agujero y dan su sonido particular.

Según José de Los Santos Castillo, Las Turas constan de **siete (7) sones**: **La Paloma**, que significa respeto y agradecimiento a los espíritus de la naturaleza y a los ancestros. **El Gonzalito:** En este son, el ave llama a los animales de caza a las aguas vivas, para que se manifiesten como espíritus. **El Sapito**: Son que representa a la lluvia y a los ojos de agua viva. **El Cucurucú**: Son que representa a los difuntos. **La Guacharaca**: Representa este son a la montaña y a los cazadores. **El Son de El Venado**: Este son es para agradecer la comida del día de la fiesta donde se den sones de Turas y por último el **Son de La Hormiga**: que es para pasarla bien, convivir, que no haya pelea ni disgustos en las noches que se dancen sones de Turas.

José Millet

2.-Las Turas

Eduardo Concepción

CRÓNICA

Muchos podrían ser los motivos para visitar esa gran región del sur del Estado Falcón, en sus municipios Federación (capital Churuguara) y Unión (capital Santa Cruz de Bucaral), limítrofes con el Municipio Urdaneta de la parte norte del Estado Lara. Uno de esos motivos significaría adentrarse en territorio de los descendientes de los aborígenes "Ayamanes", para ver y vivir una experiencia mágico-religiosa única en el mundo: **Las Turas**.

Las Turas es la ceremonia mediante la cual el pueblo Ayamán agradece a los santos, a los espíritus y a la Madre Naturaleza, por las buenas cosechas recogidas y por recoger. Esta ceremonia es llevada a cabo por "Los Tureros", especie de cofradía con una sencilla jerarquía que comanda "El Capataz" y a quien le sigue "La Reina" y a ésta los Tureros: músicos-danzantes; y que termina con las "danzantes" o bailadoras.

Intentaré narrar entonces la experiencia vivida en "La Duquesa", pequeña finca cercana al caserío Los Cañitos, a 20 minutos, más o menos, de Santa Cruz de Bucaral; en plena sierra falconiana. Llegamos, Oscar Lázaro y yo, Eduardo Concepción; promotores del Centro de Investigaciones Socioculturales del Instituto de Cultura del Estado Falcón, a dicha finca el día 23 de septiembre de 2006, víspera del día de la Virgen de Las Mercedes. Esa fecha, el 24, es el "Día de Las Turas" y es, como muchas otras, una imposición de la iglesia católica que derivó en el sincretismo cultural, de celebrar Las Turas ese día. A poco más de las 2 p.m. ya estaba armado "El Altar": enramada de unos tres metros de alto, formada con ramas de palmas y plátano, además de varas gigantes de caña de azúcar. Tres cruces forradas de papel colorido en el centro geométrico del altar y a sus pies, un busto de Juana Vásquez, mítica Reina de Las Turas desde 1932 hasta 2002, cuando fallece (de 130 años de edad, según sostiene su familia), y pasa desde entonces el reinado a su hija: Críspula Vásquez.

Rodean también el altar las ofrendas traídas por los lugareños que consistían en los más lindos frutos de sus conucos: tomates, caraotas (llamadas por aquí "piras"), ajo-porro, cebollín, limones, maíz, yucas, papas, cambur, plátanos, lechosas, parchas, aguacates, naranjas, piñas. También productos como la "Chicha de maíz", preparación exclusiva de La Reina, no pudiendo faltar las bebidas espirituosas, como el "Cocuy de Penca", de altísima calidad. Además, variados trabajos de cestería y envases de tapara de diferentes formas y tamaños.

Comenzó el Capataz invocando a las más variadas figuras del santoral católico, así como a los espíritus que acompañan a la Madre Naturaleza. Rociando el Altar con cocuy y ron, comenzó a danzar, y con él los Tureros, al ritmo de "turas macho" de tres agujeros y "hembra" de dos ejecutadas por ellos mismos ("turas" se llama también a esas flautas hechas de carrizo); y los "cachos": hechos con el frontal de la cabeza de venado o "matacán", al tiempo que con la otra mano sacudían rítmicamente una maraca. El son consiste en danzar alrededor del altar en una dirección, para recorrerla luego en dirección contraria a la señal o grito del capataz, jefe indiscutido del baile; mientras La Reina, impertérrita y en una esquina del altar, observaba en posición de firme a los danzantes, dar vuelta tras vuelta al mismo. Al mismo tiempo, tureras danzan abrazando por la cintura a quien se coloque a su derecha y a su izquierda, marcando tres pasos adelante y tres atrás, imitando voces de diversos animales.

Largo rato después, el Capataz detiene el baile. Oraciones, rezos, invocaciones y vivas a los santos, a los espíritus y a la Madre Naturaleza anteceden a un pequeño y merecido descanso, para dejar asentarse el polvo y refrescarse merecidamente la garganta.

Así, entre "sones de Turas" y descansos, continuó la mágica ceremonia toda la madrugada hasta las 6 de la mañana. A esa hora, al mando del Capataz José "Cheo" Caldera, y de la Reina, Críspula Vásquez; comienzan los presentes a desarmar el altar. Luego, en procesión, nos dirigimos a llevar parte de las ofrendas al "árbol de la basura" o "basurero", que no es tal, sólo así llamado; donde se depositan los frutos y que en el caso de "La Duquesa" es un "higuerón", árbol impresionante por su belleza y tamaño, de más de 70 años de edad. Allí, nuevamente oraciones, rezos, vivas e invocaciones a santos, espíritus y a la Madre Naturaleza; velas encendidas, tabacos y agradecimiento por las buenas cosechas y por la lluvia regeneradora.

Volvemos alegres y con una inmensa paz en el corazón. Sentimos la presencia avasallante de la naturaleza en la majestuosidad del Higuerón, en los verdes y extensos campos y en las increíblemente bellas montañas de la Sierra de Falcón. Pero también sentimos esa paz incrustada en el alma por la comunión con la naturaleza de estos compatriotas que no la contaminan, que la respetan y que interactúan con ella, obteniendo sus más variados frutos. Así son Las Turas…

3.-Las Turas en Venezuela: su verdadero y profundo sentido ancestral

Jose Millet

Lamento que se sigan arrollando tradiciones ancestrales que nos remiten al pasado más remoto de la Humanidad por dos impulsos cada uno de los cuales más dañino: por un lado, debido a la ignorancia y, por el otro, a la ligereza al tratar asuntos de extremo cuidado relacionados con la sensibilidad de un pueblo. Por lo primero, se han asumido afirmaciones que todos repiten sin la más elemental pausa en la serena reflexión y a la comprobación de lo que la mayoría de la gente afirma mecánicamente. La primera de ellas es la que vemos en obras recientes de respetables organismos oficiales como los encomiables catálogos del IPC, al afirmar que Las Turas son o consisten en un baile o en un ritual. En el caso de Las Turas, que nos ocupa, estamos en presencia de fragmentos de un todo que no deja ver su fondo, los cuales, en efecto, están dotados de movimientos y de una dinámica que nos remiten a procesos simbólicos o a sistemas culturales lamentablemente desaparecidos o en vías de ocaso, de los que tenemos la suerte de contar en nuestro país con firmes exponentes, tanto humanos como espirituales, que nos permiten presumir su fortaleza y trascendencia en muchos y complejos sentidos. La segunda es referirla a los instrumentos musicales de los que se valen los tureros o miembros de estas comunidades para "interpretar" la música conque se acompañan los movimientos colectivos danzados que, en ocasiones, son ejecutados en parte de sus festividades: algunos distinguidos investigadores, como nuestro coterráneo Luis Arturo Domínguez, se lo atribuye a las flautas de carrizo o de bambú y otros, a la de maíz.

¿Qué son Las Turas realmente? Todo, menos un baile y mucho menos un rito: en todo caso y, en primerísimo lugar, es la evidencia de un discurso simbólico, algo fragmentado, aunque uno de los más ricos, complejos y diversos de cuantos forman parte del mosaico de culturas originales que existían aquí y que se pusieron en contacto e intercambiaron entre sí en nuestras tierras "americanas", mucho antes de la invasión del conquistador europeo que terminó por dominar a los pueblos nativos que las habitaban a su llegada. En segundo término, las turas son parte visible del resultado del proceso acarreado por la colonización foránea que, querámoslo o no admitir, trajo el etnocidio y el genocidio de los aborígenes, pero a su vez la transculturación que hoy podemos apreciar en infinitos ámbitos de nuestra sociedad y cultura.

Tampoco las turas son la manifestación de agradecimiento y bendición de las cosechas anuales obtenidas por los tureros que son, en su mayoría, ciertamente campesinos o cultivadores, pero algo más que simples labriegos. Del mismo modo se toma la parte por el todo cuando se identifica la palabra tura con maíz, porque con ello seguimos manejándonos en la pura exterioridad del fenómeno, que es mucho más profundo y abarcador. Las turas engloban todo el espacio cósmicamente concebido e imaginable, en el que están en primer plano los seres vivos: el hombre, las plantas y los animales, y, asimismo, con igual o mayor peso determinante a las fuerzas y principios fecundantes propios de la Naturaleza, invisibles, que posibilitan la vida de esos mismos seres, su creación y reproducción encima de este planeta que denominamos Tierra. No es a la Madre Tierra sólo a la que se le rinde reconocimiento en ellas, sino a los principios que hacen posible su fertilidad y que, en su seno, se continúe la existencia, sea la humana o la de otras criaturas. No es incorrecto decir que se venera la cosecha, con el impulso propiciatorio adicional de que sean colocados todos los elementos necesarios para que el Dador nos vuelva a conceder igual merecimiento en especies comestibles y en bienestar espiritual.

La comunidad turera de San Pedro de Mapararí

Las entrevistas que le hiciéramos, a partir del año 2006, a Ángel Colina y a José Castillo, dos de los directivos principales de Las Turas, perteneciente a la comunidad San Pedro de Mapararí, nos han proporcionado una valiosa información que transcribimos a continuación, acompañada de algunos comentarios.

El 5 de enero de 2004, se legaliza la Fundación que lleva el nombre de José Cecilio Salas, fallecido en 1977, y considerado uno de los capataces que mantuvo durante largo tiempo esta tradición indígena, que ellos asocian a las comunidades étnicas de origen ayamán. Al final, al pie de página, colocaremos la relación de sus miembros fundadores, aportada en las entrevistas y que ha sido avalada por varios miembros de la propia comunidad durante algunas de nuestras numerosas visitas a San Pedro*.

Cuando les preguntamos quiénes fueron los primeros capataces, nombraron al mencionado Cecilio Salas, fallecido en 1977 y a Rodolfo Garcés, su actual capataz, e identificaron como sus reinas más antiguas a Engracia de Yugurí, fallecida a los 78 años, y a Marcelina Antequera, quien aún ejerce esta función.

En cuanto a la "composición organológica" o conjunto de instrumentos musicales empleados, resulta de mucho interés la relación de los instrumentos que identifican como los propios de Las Turas, a los que se asocian los siguientes nombres de quienes los ejecutan:
-Flauta Tura Macho: Hipólito Casiano Castillo
-Flauta Tura Hembra: Rodolfo Garcés
-Cacho Mayor: Rafael Molleda
-Cacho Menor: Martín Garcés
-Cacho Mediano: Ángel Colina
-Cacho Pequeño: Simón Castillo, Enrique Castillo
-Maracas: José Castillo, Yovanny Colina

Las turas es vista por el común del venezolano como un "baile", en tanto se producen numerosos movimientos coreográficos realizados al compás característico de los instrumentos musicales que acompañan a estas celebraciones. A continuación figuran los nombres de los danzantes de esta comunidad: Laudelina Castillo de Garcés, Elicia Castillo, Paula Garcés, Lourdes Antequera, Flora Robertis, Carla Antequera, Morelis Antequera, Emérita Colina, Elita Mora, Dominga Garcés y Adelaida Mora

Calendario de las celebraciones tureras

Al año, pautan dos fechas para la realización de Las Turas: la primera, el 29 de junio, por motivo de la celebración católica de San Pedro y ocasión en que precisamente esta comunidad se ha esforzado por hacerse de un espacio de encuentro entre las comunidades de los Estados Falcón, Lara y Portuguesa; donde se ha mantenido viva esta raíz aborigen venezolana. A este espacio lo denominan Día de la Fraternidad Turera, por cuanto se caracteriza como un compartir entre hermanos, ideas y experiencias dirigidas al fortalecimiento de estas tradiciones. La segunda, el 23 y 24 de septiembre, fiesta de la Virgen de las Mercedes". Nos llamó la atención que se agregue una tercera fecha, el 07 de Abril, como "Día del aborigen Ayamán". En ésta comunidad resulta significativa la voluntad de un porcentaje elevado de sus miembros de reivindicar su raíz ancestral, definiendo claramente que esta comunidad proviene de los grupos étnicos ayamanes.

Comunidad Turera

Las Turas es una festividad agrícola en que se invocan las fuerzas reproductoras de la naturaleza para que propicien que la tierra sea fertilizada: que acepte la semilla en su seno mediante una cópula. Esta intervención garantiza la siembra. Se produce en el período de equinoccio de primavera, en marzo, cuando las condiciones climatológicas son favorables a la actividad agrícola y durante el equinoccio de otoño, en el mes de septiembre. ¿A quién se le rinde culto? ¿A esas fuerzas propiciatorias de la fertilidad y a la propia tierra? Al todo: a las fuerzas que se apropian de los miembros de la comunidad humana, a los animales y plantas, permitiendo que se conviertan en un sujeto colectivo, sin olvidarse de los espíritus ancestrales ni de los muertos; representados respectivamente por las flautas de carrizo, maracas y los cachos de venado.

Estas celebraciones coinciden con las épocas demarcadas por el cambio de las estaciones: en mayo, cuando la primavera rompe con el período de las lluvias, la unión de la pareja formada por el Capataz y La Reina de Las Turas, significa la cópula que derrama el semen que alentará a la tierra a recibir en su seno la semilla. Este "matrimonio espiritual" tiene el simbolismo del cielo eterno de la regeneración de la naturaleza, no regido por las leyes de los hombres.

La segunda época evoca la muerte: la naturaleza del verdor, de la fronda, la caída de las hojas y el anuncio del frío, o si, de la humedad. Los frutos cosechados deberán ser almacenados para conservarlos y usarlos en caso de que sobrevenga una temporada inclemente. Aun cuando en Venezuela no exista la sucesión indicada de las estaciones, igual el ciclo de las lluvias pone la pauta. Salvo condiciones climáticas no habituales, los ciclos lluvioso y secos pueden tomarse como regulares, y por tanto, referentes bastante seguros.

En los eventos realizados durante esta celebración se manifiesta todo un simbolismo. La marcha india de los tureros atraviesa los campos donde viven y se dirige directamente a la fuente de agua: exactamente al ojo de agua, de donde nace la vida. Se atraviesa la poza y se adentra en el fondo de una cueva donde viven los espíritus, justo en "el nacimiento". Se les reconoce así como indispensables dadores de dones esenciales, por cuanto si no existiesen o no dejaran que de su seno fluyese el líquido vital, ¿podríamos hablar acaso de agricultura?

La siguiente estación permite la comunicación con los espíritus que moran en la corteza terrestre. Activadas las mencionadas entidades acuáticas, se procederá a "despertar" a la madre tierra, empleando los procedimientos acostumbrados de las turas: ensalmes, invocaciones y cantos, acompañados de sones de flautas de carrizo y de cachos.   La convocatoria a los poderes ocultos, también alcanza a los insomnes gigantes que descansan, de pie, encima de la superficie sólida: el círculo de los tureros se desplaza alrededor de un árbol acompañado de su música y de los característicos movimientos corporales. Es la función exacta de las flautas: avisar al oído de las plantas, mediante el estremecimiento de su sonido, que debe activarse su capacidad reproductiva, el flujo de la savia, su ascenso a los gajos y fronda.

Los cachos de venado, apartan la voz de lo opuesto, del polo negativo a la vida, de la muerte. En un recordatorio con la puesta del juego de los contrarios que conviven en un mismo plano, escenario y tiempo. En definitiva, es lo que motoriza la existencia al recordar lo que acontece permanentemente. Se invocan también con ellos al reino animal: No hay nada de macabro en los sones alusivos a aves conocidas en sones donde interviene esa calavera astada. Creo que adicionalmente debe indagarse en el llamado a una arista de agresividad representado por los pájaros invocados, a la lidia, y caracteriza a estos inquietos y bulliciosos animales.

El mencionado simbolismo remite a un sistema de círculos concéntricos que parte de la fuente hídrica-el enigmático ojo de agua-, se traslada a la parte sólida contigua a la poza y la cueva, donde moran otros espíritus arbóreos y de la fauna, hasta desplazarse a un destino final: el de los seres humanos.   Pero, que no se nos escape la definición del espacio inicial, como aquel sin fronteras entre los estados de la materia, sino entrelazándose, interponiéndose e interactuando, lo que mora en el agua, la tierra y el aire.

¿Qué aporta? ¿Cuál es la función y el sentido del traslado de los tureros, desde el espacio en que se produce o tiene lugar el encuentro de esos tres importantes elementos a otro espacio, en este caso habitado por otros seres humanos? Integrarlos en el "todo" de la naturaleza para que puedan funcionar en él como se quiere, a fin de alcanzar todas las metas propuestas, tanto a las fuerzas de la naturaleza convocadas, como las otras que puedan aportar otras criaturas del reino, en donde viven, fluyen o interactúan otros espíritus, por ejemplo, los de sus ancestros. De ahí que lleven la relación detallada de cuanto aconteció en el pasado, y lo traigan al presente como para rendirles pleitesía.

También en el interior de la organización humana acuden y fluyen diferentes tipos de energía, dado por muchos elementos y eventos que allí tienen lugar. Disponen de los frutos de la cosecha y los procesan para distribuirlos en determinados momento de la fiesta. Sólo al saber que el dominio del fuego los sitúa por encima de otras especies de su propio reino. Este último elemento nos permite adelantar algunas ideas que permitirán darle la ubicación aproximada y función que este postrer espacio tiene.

El movimiento del sistema de círculos concéntricos se detiene en un espacio abierto, en el patio o "Patio de Las Turas", restrictivamente hablando. Nuevamente estamos en presencia de otro espacio sagrado: en su centro una cruz, con los diversos sentidos que ella tiene, en su relación con el corte de los espacios y su asociación con la muerte, alrededor de ella, los frutos de la cosecha, obtenidos normalmente en el conuco local. Entre los frutos mostrados destaca el maíz, en este caso la planta-dios que se ha sacrificado- para que su cuerpo y su espíritu sean compartidos por cada uno de los tureros. El acto de consumo en colectivo cerrado y unido, el tótem del que nacimos, es sólo un episodio de ese movimiento rítmico y acompasado, y nos esforzamos por aprender.

La cruz como referente de la religión judeo-cristiana, nada tiene que ver con los grupos y comunidades étnicas que poblaron nuestro continente y se mantuvieron en el mundo antes de la existencia de Cristo. Pero su ubicación en el "patio turero" es una clara remisión al carácter social al que hemos arribado en esta tercera "estación". No se trata de un espacio más, de los existentes en estos vastos ámbitos rurales, sino de uno marcado por un tipo de organización social específica: la humana.

* La "Fundación Cultural José Cecilio Salas" tuvo como fundadores a los siguientes tureros: Ángel Custodio Colina, José de Los Santos Castillo, Nelson Antonio Matute, Carlita Coromoto Antequera, Lisandro Rafael Antequera, Eddie Santos Páez, Rafael Ramón Rivero, Rafael Simón Chirino, María Lourdes Antequera, Marcelina del Carmen Antequera, Morelis del Carmen

Antequera, Rafael José Molleda, Cecilio Antonio Castillo, Alida María Chirino, Martín Ramón Garcés, Salvador Vásquez, Dominga Ramona Garcés, Aureliana del Carmen Hernández, Carmen Lucía Acosta, Emérita Colina de Martínez, Adelaida del Carmen Mora, Elita Ramona Mora, Gloria Josefina Rivero, Clan Antonio Rivero, Paulita Chirino, Flora Robertiz, José Luis Garcés, Yolanda Antequera..

 La memoria mítica turera rescatada por el artista gocho Ender Rodríguez

Nota del autor-editor José Millet

Las tradiciones culturales frecuentemente son enfocadas como *folklore* y, en tal condición de expresiones separadas y distantes de la cultura oficial dominante, desprovistas de sistemas de pensamiento, concepción del mundo y altura de abstracción. En esa ridícula disminución a que nos tienen acostumbrados y educados las ciencias sociales y humanísticas burguesas, se nos escapa la vida imaginativa de los pueblos que las crearon, sus ideas y filosofías. Afortunadamente, muchos de estos valores han sido conservados en la tradición oral, como es el caso de los pueblos mayas con su **Popul Vuh** y, en el caso de la *tradición ancestral turera*, con fragmentos de su pensamiento en forma de mitos o de relatos imaginarios en que aquella carga de pensamientos nos ha sido legada de generación en generación.

Ofrecemos los recolectados por el joven venezolano Ender Rodríguez en sus investigaciones de campo realizadas en la parroquia Mapararí, donde vivió durante dos años y lo conocí en el año 2002. En ellos se nos revela la pacífica comunidad existente entre las sociedades humanas y las de los animales y las plantas, la cual se resalta en el conjunto de ofrendan mediante el arte de la danza y la música, además de las de naturaleza material, que se les hace a Pachamama, a éstos y la Naturaleza en su conjunto.

Mito de las Turas

"El arte de las turas viene de otra época, de un lugar que sólo conocen los indios. Los Pire, viejos indígenas de esta tierra…estaban una vez en un patio reunidos danzando diariamente como para ir a cazar y comunicarse con los animales, las plantas y los buenos espíritus; hacían movimientos que parecían el movimiento de la vida. De unos instrumentos hechos con semillas, taparas y cachos de venado sacaban sonidos que imitaban el canto de los pájaros, los vientos, los truenos y la lluvia.

En ese momento de la danza, se acercó la Virgen María con el niño en brazos, escapando de los que querrían matar a las criaturas nacidas en esas tierras y al ver una ronda de personas en un patio a lo lejos, se aproximó y se escondió entre los hombres y mujeres mientras que pasaban los guardias perseguidores. La virgen metió al niño entre su pecho y se tapó con las manos mientras veía como se acercaban también los guardias hasta llegar casi al frente de ella y devolverse confundiéndola con los danzantes. Ella se fijó en el rito que hacían y dijo:

¡Qué tura mala esta que bailan aquí!

 Entonces, el niño miró a su madre y dijo:

¡Qué tura buena, bonita y sagrada porque me salvó de la muerte!

Después de cuatrocientos años, los tureros siguieron danzando en el Cerro Colorado y en muchos pueblos más. De ahí en adelante, se siguió bailando en San Pedro de la Sierra de Falcón y en todo el territorio Ayamán para agradecer las bondades de la tierra, de las montañas y de los espíritus protectores que santifican todos los campos y todas las aldeas".

**Fuente: Casiano Castillo, Turero de San Pedro
Recopilación y redacción: Ender I. Rodríguez M.
Mito de las turas II**

"Hace muchísimos años, los indios antiguos inventaron la danza de las turas, danza del maíz, de la vida misma. Tocaban y bailaban, estos ancianos sabios, sacando sonidos a partir de piedras huecas, inventando y descubriendo música secreta y mágica. Cuando llegó Cristóbal Colón a estas tierras, los indígenas tenían su propia fe y su propia religión. Colón para doblegar y dominar a los aborígenes, sacó una flauta y la tocó, y así fue atrayendo a las tribus hacia sus propios intereses en esas tierras. A *los indios les pareció muy curiosa la flauta y el sonido que este hombre hacía salir de ella. Entonces, los ancianos inventaron sus propias flautas de carrizo y lograron sacar sonidos que parecían ser cantos de pájaros, música de la naturaleza y les hicieron dos y tres huecos a las flautas para llamarlas tura hembra y macho. Una vez, quedó atrapado un venado en una horqueta por sus cachos y nadie pudo sacarle. Al tiempo de morir el animal y quedar su carama ya seca, colgando de la horqueta, el viento rozaba y hacía sonar al cacho como si el espíritu de la madre naturaleza hiciera música sagrada y cantara para enseñar a los indios algo más sobre las turas. De ahí en adelante, el sonido del cacho sellado en unas partes con cera de abeja, representaba el sonido del viento y del trueno. Igualmente, las taparas al secarse y ser golpeadas con algo, parecían crear otro sonido como el golpe que hacía el agua al caer a la tierra en tiempo de lluvias. Los indígenas con semillas de capacho rellenaron las taparas e hicieron maracas y al juntar todos los instrumentos, las turas se convertían en música salida del espíritu de los dioses y se danzada para agradecer todos los beneficios de las buenas cosechas, del agua de lluvia y de la vida abundante para los pueblos ayamanes".*

Fuente: Ángel Colina, Turero de San Pedro.
Recopilación y redacción: Ender I. Rodríguez M.

Nota del editor: La siguiente es una reseña escrita por los miembros de la comunidad de San Pedro, ubicada en la parroquia Mapararí del Municipio Federación. La hicieron con absoluta libertad en su territorio para ser incluida en el Atlas Etnográfico del Estado Falcón que lleva adelante nuestro Centro de Investigaciones Socioculturales del Instituto de Cultura del Estado Falcón, Venezuela. La publicamos textualmente, sin apenas hacerle ninguna corrección o cambio.

Lic. José Millet
Coro,
09.05.2008

4.- San Pedro de Mapararí cuenta su historia

Por los autores, tureros de esta comunidad

RESEÑA HISTÓRICA DEL PRIMER EVENTO DE LA FRATERNIDAD TURERA EN SAN PEDRO DE MAPARARÍ.

"En el 1.992 surge una idea del profesor José Chirinos de hacer un encuentro de tureros en nuestra comunidad turera. Este primer encuentro se inició el 28, 29 y 30 días de San Pedro y San Pablo, donde asistieron tureros de El Tigre, El Jusal, La Duquesa, San Tacnus, el Río Mapararí.

En este evento se integraron para que se realizara José Chirinos, como principal, Carmen Olivet, Samuel

Bermúdez, Roselina Leal, Ender Rodríguez y esposa Flora Robertis, Simón Castillo, Ángel Colina y Tarcisio Gauna.

De este evento salió la donación del patio cedido por Servando Cordero, ganadero, dueño de la hacienda La Garza. Desde allí hasta la actualidad nos hemos independizado, y de allí arranca la base fundamental de La Casa de los Tureros; esta casa lleva el nombre de Casa de las Turas "José Cecilio Salas". También salen de este encuentro los beneficios que los tureros no tenían, por ejemplo, la ayuda para los viejitos tureros, construcción de la casa de los tureros, mejoras del patio de turas, y otros".

RESEÑA HISTÓRICA DE LA DANZANTE MAYOR Y SUS CAPATACES

"Audelina Castillo de Garcés, hija de José Cecilio Salas y su mamá María Dionisia Castillo. Con una edad ya de 90 años. Se destacó como danzante en las turas desde muy niña. A los 12 años andaba en los patios de tura con su mamá. Audelina fue y es danzante mayor por ser la hija mayor de Cecilio Salas. Al frente de las turas tiene un aproximado de 78 años como danzante, animadora y ser capataz".

RESEÑA HISTÓRICA DE ELICIA DEL ROSARIO CASTILLO

Elicia, hija de José Cecilio Salas, su mamá María Dionisia Castillo. Elicia tiene 68 años, empezó a andar en los patios de turas a los 10 años, tiene 58 años al frente de las turas.

Como danzante en su historia cuenta que cuando la Virgen María andaba huyendo de los fariseos que mataban a los niños, una vez los encontró y ella vio que estaban tocando las turas; y para esconderse de ellos se metió en medio de los tureros, llegaron los fariseos y dijeron: vámonos, estos son unos locos. No la vieron y la virgen bendijo en ese momento las turas. **VERSIÓN DE ELISIA GARCES.**

HISTORIA Y RESEÑA DE PAULA GARCÉS

"Paula, hija de José Cecilio Salas, su mamá Pastora Garcés. Tiene una edad aproximada de 72 años. En las turas empieza a los 10 años y tiene danzando al frente de las turas 62 años.

Paula nos cuenta que en todos los patios de turas se mantenía una cadena de plantas medicinales, animales guindados en el palacio: un cachicamo, el primer animal de las turas, aguardiente o guarapo, fuente de caña, chicha, fuente de carne de venado, marrano é monte, mazamorra y muchos jugos. El respeto sobre todo. La orden era del capataz y el mayordomo".

VERSIÓN DE PAULA GARCÉS
RESEÑA HISTÓRICA DE ANGEL COLINA
En Las Turas

"Yo, Angel C. Colina Castillo, nací un 16 de junio del año 1959. Fui promovido en las turas en a   los 9 años de edad. Bautizado en el año 73 en el patio de El Jagüey en los terrenos del Capataz mayor José Cecilio Salas…como Tureros Mayores Rodolfo Garcés, Hipólito Caciano Castillo. De allá hasta la actualidad me he venido destacando en las turas como tocador de todos los instrumentos de las turas…como fundador del primer grupo de tureritos, entre ellos está ahorita el turero José Castillo, Juvenal Castillo, Gregorio Hernández, Alexio Mora, Jesús Mora, Erico Marrufo, entre otros. Instructor de la Resistencia Indígena Ayamán, fundador de la Fundación José Cecilio Salas".

SAN PEDRO, 06 04 08.

PEQUEÑA RESEÑA HISTÓRICA NARRADA POR TARCISIO A. GAUNA

"Tarcisio A. Gauna, 58 años de edad, natural y residenciado en este duro caserío, fue habitado por primera vez por los señores Cecilio Salas y José Salas, siendo éste último el primero en llegar a asentarse en un fundo que le puso San Lorenzo; historia que conozco por versión del señor Cecilio Salas en el año 1976, ya fallecido.

También me contó sobre las turas y me dijo que estando muy pequeño se hizo turero en el patio de Monche Morles y Sixto Morillo, ubicado en un sector de nombre El Zulia. Hizo un patio en el nacimiento, al cual le puso el nombre de San Pedrito, del cual era devoto. Habiendo sido bautizado como Capataz de Las Turas por Sixto y Monche en los años 90 de 1800.

Belarmino Vásquez lo invita para que lo toque unos sones de tura en Mapararí, para pagar una promesa a la Virgen de Las Mercedes, quedando de acuerdo en tocarle todos los 24 de Septiembre.

Una vez fallecido toma el mando como Capataz él, su hijo Rodolfo Garcés como Sub-capataz Casiano Castillo los cuales se mantienen.

Las Turas es un ritual que se toca para rendir tributo a los espíritus benditos para que llueva y se den las cosechas, y promesas a petición de quien se haya comprometido. Se hacían juegos dentro del baile, la gallina, el zorro, el venado, matrimonios, el perro, el cazador, y otros.

Del 21 al 29 de Mayo se celebra al Día de Santa Rita, se le toca Las Turas. Dicha virgen la trajo Juana Carrasco, proveniente de La Peñita.

La primera formación de niños tureritos fue por el señor Ángel Colina. Hizo un grupo con los niños José Gregorio, Danny Antequera, Darwin Gauna, José Garcés, Pedro Antequera, Miguel Leal y otros, como Reina Audelina Garcés, esta formación se mantiene.

Las Reinas de Las Turas: la primera Pragedes Chirinos (Siglo XVIII), la segunda Ingracia de Yugurí (Siglo XIX), la tercera y hasta el presente Graciela Antequera".

<u>RESEÑA HISTÓRICA DE LAS TURAS</u>.

"Una de las vivencias donde se observa de manera concreta nuestra cultura prehispánica es el ritual aborigen o Danza de Las Turas (Danza del Maíz y de Vida), de carácter folclórico en homenaje a los dioses de la cosecha y en honor al santo San Pedro, celebrado dos días, 29 y 30 de Junio de cada año en la comunidad de San Pedro, Parroquia Mapararí, Municipio Autónomo Federación.

Con la flauta de carrizo inventada por los indios Ayamanes y mantenida hasta la actualidad, con ellas imitamos el canto de los pájaros, con los cachos de venado cubiertos con cera negra de vallude o de arigua; representa el sonido de los vientos y los truenos. Los trocones o tapara con semillas de capacho y maracas; representan las lluvias. Al juntar símbolos las turas originan el sonido de los espíritus de la naturaleza para darles gracias y bendiciones a los pueblos indígenas ayamanes".

RESEÑA HISTÓRICA DE LA FUNDACIÓN JOSÉ CECILIO SALAS

"La Fundación fue fundada en 1.997, y se registró en el año 2004 bajo el Nro. 37, folios 186 al 189. Esta fundación lleva el nombre de José Cecilio Salas. Este protagonista fue el descendiente, el primer Capataz en la década de los años 30 hasta el año 1976.

José Cecilio Salas fue el fundador de San Pedro, fue quien por primera vez llegó a estas montañas vírgenes, acompañado de un tío de nombre Maximiliano Salas, trayendo con él la estampa del Santo San Pedro y sus instrumentos de las turas. El nombre de San Pedro fue por el santo, regalo que le hizo el padre Rivero en Churuguara".

RESEÑA HISTÓRICA DE LOS FUNDADORES DE LA FUNDACIÓN JOSÉ CECILIO SALAS

"En el año 97, yo, Ángel Colina me propuse fundar esta fundación dándole el nombre de José Cecilio Salas, por ser el fundador padre de todos los tureros, abuelo de los descendientes.

El propósito de esta fundación fue para defendernos un poco de los "manipulistas" y así defenderlos un poco, reclamando nuestros derechos, ya que nuestras costumbres y tradiciones ayamanes hemos mantenido 500 y tantos años atrás, sin desmayar.

En la fundación y al frente están Ángel Colina Castillo, como Coordinador General (7.498.174), José de los Santos Castillo, como Coordinador de Eventos (13.269.051), Flora Robertis como Secretaria de Finanzas (3.097.667), Paulita Chirinos, como Coordinadora de Proyectos (18.480.025), José Luis Garcés, como Secretario (18.605.103) y Yolanda Antequera, como Asesor (14.733.141)".

RESEÑA HISTÓRICA DEL CAPATAZ RODOLFO GARCÉS

"En el año 77 tomó el mando como Capataz el señor Rodolfo Garcés. Tiene un tiempo limitado en Las Turas, de una edad comprendida de 73 años al frente de esta tradición indígena. Cuenta con 86 años de edad, como capataz o al frente de los tureros tiene 32 años. Rodolfo Garcés como capataz se encarga del respeto en el patio de las ceremonias y sahumerio de hojas de la montaña, llevar las plantas medicinales, llevar las reliquias en el patio, entre otros".

RESEÑA DE HIPÓLITO CASIANO CASTILLO

"Hipólito Casiano Castillo lleva en las turas un tiempo al frente de esta tradición, desde muy niño. Cuenta que ellos hacían turitas de tártago o de hojas de lechosa. Esa fue su inspiración en las turas y fueron amaestrados por los piaches de Monche Morles.

Castillo cuenta ahorita con 80 años. Tiene en las turas como turero Mayor y Chamán 71 años. Su comienzo fue aproximadamente a los 9 o 10 años. Es hijo de José Cecilio Salas y María Narcisa Castillo".

Nota del editor: En el poblado de Mapararí se ha conservado la tradición turera, según lo ha estudiado el joven investigador Ender Rodríguez, quien nos precedió en la realización de este importante trabajo investigativo y lo hizo durante el tiempo prolongado que vivió allí. Llama la atención que los fragmentos principales del pensamiento mítico rescatado por él los haya obtenido enla comunidad rural de San pedro, y no precisamente en la de Mapararía. Pero a continuación ofrecemos el texto aportado por su segundo capataz Nasser Navarro."

Las Turas que yo profeso

- Las que me ponen en movimiento bajo un solo patrón: el amor a la cultura autóctona.
- Las que me confiaron mis padres ayamanes, cuando apenas era un niño, por medio de una mata de caña que me llevó volando desde las calles de mi pueblo, hasta el mágico templo donde me aguardaban mis antepasados con piel de siglos y manos de Manaure.
- Las que me vierten amorosamente en los brazos de la magia llamada hermandad.
- Las que me convierten en un animal cautivo, que espera el conjuro de sus deseos libertarios.

- Las que en cósmicos destellos de sudor humano, me trasmutan de barro a maíz

- Las que por danzar nadie me paga, primero, porque no son mías. Segundo, porque nadie detenta tanta riqueza que pueda comprarlas.

- Las que danzo con autorización de mi pureza espiritual y de mi abolengo montaraz.

- Las que me iluminan el camino del bien, a través de giros rituales y cadencia totémica.

- Las que sin plumas ni guayucos, me cubren con el más hermoso atuendo de la pureza ancestral.

- Las que me hacen colgar en el altar sagrado, mi más grande ofrenda: el amor a la vida; para luego, en devolución equilibrante, cubrirme de gloria y de más vida.

- Las que año tras año me convierten en duende guardián de sus mimetizados enemigos.

- Las que sincréticamente me regalaron una madre llamada Mercedes y una cruz llamada Perdón.

- Las que me hacen ver como un ser sobredimensionado por aquellos que, tal vez, no han descubiertos sus alas.

- Las que frugalmente me mantienen de la ambrosiaza mazamorra de maíz.

- Las que con paciencia tántrica nos van llevando lentamente al son de la unidad que finalmente danzaremos todos, desprovistos de mundanas ambiciones.

- Las que sirven de vehículo etéreo al padre lluvia, para que en un húmedo beso y penetración telúrica, preñe a la madre tierra de esperanza y fertilidad.

- Las que todos los 23 de septiembre convierten a mi humilde pueblo en el ánfora cultural de la humanidad.

- Las que nos recuerdan que millones y millones de abejas no pueden estar equivocadas. (recuérdese su organización laboral y solidaria, así como la posición de su colmena en relación al Padre Sol).

- Las que sonríen en blancos persogos, como presagios que después de la muerte en el surco, renacerán para perpetuarse como promesa eterna en el altar de la vida.

- Las que no quiero ver morir traspasadas por el cuchillo cruel de los traficantes de oportunidades usureras.

- Las que se deslastran al pie del árbol de la vida y prometen regresar inmaculadas, para continuar el maravilloso cuento de la totalidad inmortal.

- Las Turas que yo profeso, son las que me están avisando, que es preferible volver al árbol del que una vez bajamos como micos, a profanar el arca prístina de la divinidad aborigen.

Nasser Navarro, parroquia Mapararí.

II.-La Fiesta de San Benito

"Yo vi a San Benito dar
Un beso a María Bonita."
Alí Primera

FUENTE	FIESTA LUGAR	PARROQUIA	FECHA	MUNICIPIO

José Millet   Religiosa-Popular   26 y 27 de
          Coro   San Antonio y Santa Ana
Miranda
INCUDEF.   Diciembre
Eduardo Concepción.

La fiesta dedicada a San Benito en Coro consiste en una alegre marcha por las calles de algunos barrios, al son de los tambores chimbangles y el rociar a la imagen de bulto del santo con ron, whisky o cocuy.

La tradición oral afirma que fue Trina Curiel (1904-1990) el personaje fascinante que instituyó en Coro la fiesta de San Benito. Según Francisco "Chico" Rojas, vecino del barrio La Guinea, la primera fiesta de San Benito la llevó a cabo Trina Curiel en diciembre de 1957 y en la misma participaron Frank Castro Elías, El mismo "Chico" Rojas y "Chindo" Páez como único tamborero (no había chimbangleros) además de otro hombre que él no recuerda. Las mujeres que participaron en esa primera procesión entre la iglesia de San Antonio y el mencionado barrio fueron: Esther Chirinos, Mencha Rojas, Melquides Leal, Carmen Rojas y la propia Trina Curiel. Actualmente la organización de la festividad está confiada a la Fundación Comunitaria Cultural "San Benito de Palermo", formada por personas del barrio La Guinea y zonas aledañas. Comienza con la llamada "víspera" que lleva a cabo el llamado Comité Organizador "San Benito de Palermo", el día 26, con la actuación de diferentes grupos musicales y de danza en una tarima que se monta en la calle Monzón del mencionado barrio, colocándose la imagen del Santo en la tarima. El 27 de diciembre a las 9am, se ofrenda una misa en la Catedral de Coro (a veces se ha efectuado la misa en la iglesia San Antonio o en la del Santo Niño en la Urbanización "Ampíes"), con la imagen de San Benito y los chimbangles al pie del altar. El Santo sale en procesión desde la iglesia, al son de los Chimbangles, mientras la imagen es rociada con ron, cocuy u otras bebidas espirituosas. La procesión de San Benito recorre diferentes barrios de Coro: Monteverde, La Guinea, Curazaíto, Las Panelas, sector San Antonio, Chimpire y otros; donde muchas personas salen a la puerta de su casa para observar y participar en la procesión. En el recorrido, va parando en algunas casas para homenajear al Santo y puedan algunas familias pagar sus promesas. Algunos procesantes piden dinero a los ocupantes de vehículos o peatones para sufragar la hidratación de los participantes. A su paso por el barrio La Guinea, visita las casas de, entre otros, Trina Curiel, Olga Camacho, Judith Rojas así como el Club social y deportivo "La Guinea". Por último, la imagen del Santo llega a la sede de la Fundación Comunitaria Cultural "San Benito de Palermo", sita en la casa de Judith Rojas en el barrio la Guinea, donde se disfruta de un suculento sancocho o mondongo para recuperar las fuerzas y donde comienza un toque de tambor al son de los Chimbangles de Coro y agrupaciones de Aragua, Carabobo, Zulia, Falcón y del Oriente del país.

Trina Curiel trajo de Cabimas un "San Benito" de madera, el mismo con el que comenzó esta tradición en Coro. Aquél es celosa y cariñosamente guardado por su sobrina Josefina Curiel, en la Urbanización Cruz Verde de esta ciudad. (Según Josefina Curiel, en realidad el San Benito lo trajo de Cabimas fue su abuela, o sea, la mamá de Trina.)

IPC-115   Religiosa-popular   26 diciembre
              Mitare   Mitare
              Miranda

La festividad de San Benito se comenzó en Mitare a raíz de la promesa que Estilita de Roque ofreció al Santo después del accidente de su hijo. Se inicia con un rosario a las 7 de la noche y, al día siguiente, misa con banquete y el baile del Santo en todas las casas de la comunidad.

III.- Otras fiestas y tradiciones culturales venezolanas

VIRGEN DE LA CANDELARIA
FUENTE   FIESTA   FECHA
      LUGAR   PARROQUIA   MUNICIPIO

Las Fiestas Patronales de Mitare, en honor a La Virgen de la Candelaria, representan la fecha de reencuentro más importante de esta comunidad. Estas fiestas son conocidas a nivel nacional.

IPC-116-Millet   Fiesta religiosa   1-3 febrero   Mitare   Mitare Miranda

Se celebran en Mitare las fiestas en honor a la Virgen de La Candelaria y a San Antonio Abad cada año, del 1 al 3 de febrero. Estas fiestas son visitadas por fieles de todas partes del país. La ceremonia religiosa consiste en procesiones por las calles del pueblo al compás de marchas musicales y rezos. Nota del editor J.M.: "En los últimos años, esta celebración se ha desplazado de su territorio original y ha llegado a Coro, donde se le rinde culto por parte del pueblo y, muy particularmente, de los mitarenses radicados en la ciudad, con paradas en varios puntos y remate en la casa del desaparecido músico Cheche Acosta Fuguet, donde se le ofrece un recital con música en vivo, en un ambiente de extrema emotividad y unidad entre sus devotos seguidores."

IPC 208-Millet   Fiesta religiosa   2 de febrero   Punta Cardón   Punta Cardón Carirubana

Festividades en honor a la Virgen de La Candelaria   Av. Andrés Bello frente a la Plaza Bolívar

Festividad que data del año 1904, aproximadamente, por iniciativa de Carmen Ochoa, quien encargó a España una imagen de la Virgen de la Candelaria y que actualmente es la más antigua del templo. La imagen que pasean los pescadores es la que se cree llegó de España en 1916 y había sido encargada por José María Andrés, párroco de Punta Cardón para la época. Se celebra los días 1 y 2 de febrero, iniciándose con una novena durante la cual se lleva a la Virgen en procesión por todos los sectores, mientras se reza el rosario hasta finalizar en la Iglesia. Todos los días se realizan actos culturales en homenaje a la Virgen. El último día de la novena es el primero de febrero, cuando se oficia una misa que dura hasta la víspera del día 2. En este día, 8,30 a.m. se celebra la misa de los pescadores y al final se pasea la Virgen por la bahía de Punta Cardón. Se concluye en la Plaza Bolívar de Punta Cardón con diferentes actos, incluyendo la coronación de la Virgen y juegos pirotécnicos. Nota del editor: "Resulta de las pocas fiestas en que se establece un estrecho vínculo de los pescadores artesanales con la comunidad donde ellos viven y realizan diariamente su actividad económica."

VÍA CRUCIS VIVIENTE

FUENTE FIESTA LUGAR	FECHA PARROQUIA	MUNICIPIO
IPC-116-Millet Santo Curazaíto Miranda	Fiesta religiosa San Antonio	Viernes

Se inició en 1984 por iniciativa de jóvenes de Curazaíto, Cruz Verde y la Urbanización Ampíes, en la ciudad de Coro. Comienza cada Viernes Santo en la calle El Sol frente a la Iglesia María Auxiliadora del barrio Curazaito, bajo la dirección de Diego González. **Nota del editor**: "Esta fiesta es de las pocas celebraciones religiosas que se enmarcan en las propias de la Semana Santa en nuestra ciudad coriana, en la que se observa un predominio de aquellas derivadas del catolicismo popular, con marcado énfasis en las patronales o las devociones a ángeles y santos católicos."

Nuevo Día　　　Religiosa　　　　　　Semana Santa
　　　Coro　　　　　Santa Ana
　　　Municipio Miranda

Página 28　　　**Vía Crucis Viviente con las Comunidades Aeropuerto y barrio "Pantano Abajo"**
22-03-2008

La Corporación Falconiana de Turismo patrocinó la puesta en escena de un Vía Crucis Viviente en la ciudad de Coro, en la víspera de la Semana Santa 2008. La representación teatral se llevó a cabo el martes 18 de marzo del 2008 y contó con la participación protagónica del grupo de teatro de la Parroquia San Antonio, quien tiene 12 años montando esta obra y que además de Corfaltur contó con el apoyo de Incudef, Alcaldía de Miranda, Amigos de la Alameda, Fundación del Niño y tres Consejos Comunales.
La actividad partió desde la Avenida Miranda, frente al Aeropuerto José Leonardo Chirino, y sus estaciones se situaron en el Barrio Pantano Abajo.
El Vía Crucis Viviente consiste en la puesta en escena de la pasión y muerte de Jesús.

ROSARIO POR FUERA

FUENTE	FIESTA		FECHA
	LUGAR	PARROQUIA	MUNICIPIO

IPC-116-Millet   Fiesta religiosa
        Indiferente   La Chapa   Guzmán
Guillermo   Miranda

Consiste en una caminata desde la Iglesia hasta la Cruz del pueblo ("Cruz de las Piedras"), durante la cual rezan y cargan la Cruz en pago de una promesa. Se realiza en cualquier fecha como pago de promesa y es convocada y organizada por el promesero. **Nota del editor**: La promesa y las maneras de cumplirlas constituyen la validación de la fe de un pueblo ante las instancias de la espiritualidad en la que cree y se suele realizar sin la presencia de representantes de cualquier instancia de ese Poder establecidas por las instituciones. De ahí que puedan realizarse ante sí mismo o en el seno de una humilde familia, sin mediación de nada, sino de la propia conciencia, lo cual subraya el valor de la honestidad por encima de cualquier otro.

IPC-216   Fiesta religiosa   13-junio,
4diciembre   Carirubana   Carirubana   Los
Taques-Cari

                3 de marzo

Rosario con procesión y canto de salve que se hacen en honor de algún patrono de la comunidad el 13 de junio, San Antonio; 4 de diciembre, Santa Bárbara y 3 de mayo, La Santa Cruz. Quien ofrece el rosario permanece sentado en una silla con una vela encendida. Consta de entre 7 y 9 salves alternadas con letanías y Ave Marías alusivo al santo y a la persona que paga la promesa. Se quema de incienso y se riega agua bendita. Se lanzan cohetes al inicio y al final del rosario y se dan vivas al santo. Al finalizar cada rosario se cantan 3 valses y se dan vivas nuevamente al santo.

PELEA DE GALLOS
**FUENTE   FIESTA   FECHA
        LUGAR   PARROQUIA   MUNICIPIO**

IPC-117-Millet   Fiesta popular   Sin fecha fija
            Los Perozos   San Gabriel
        Miranda

Consiste en la pelea de dos gallos sometidos previamente a un careo. El vencedor es siempre el que salga vivo del combate o el que no huya del ruedo de pelea. **Nota del editor**: "Es tradición que arrastramos desde la época colonial y que ha sobrevivido hasta el presente en casi todos los sitios de la extensa geografía falconiana, con particular predominio en los caseríos rurales y en las áreas suburbanas. Durante su realización, es acompañada de gran vocerío, apuestas en dinero efectivo hechas públicamente y pujas entre los vehementes participantes."

IPC.99   Fiesta popular   Siempre
        Puerto Cumarebo   Puerto Cumarebo   Zamora

Tradición que data de hace más de un siglo, convirtiéndose en una de los juegos preferidos de este municipio.

IPC-98　　　　　Entrenamiento de gallos　Siempre
　　Moruy　　　　　　　　Moruy
　　Falcón

Se requiere técnica y habilidad para preparar al animal. Desde pequeño se alimenta con extremo cuidado al animal, vigilándose su dieta y el tipo de agua que bebe. Entre los meses de junio y septiembre se entra el receso porque los gallos cambian de plumaje.

IPC-94　　　　　Fiesta popular　　　　　Siempre
　　Todo el municipio
　　Federación

Tradicional diversión durante la cual se exhiben los gallos que están destinados a la pelea. Gana el gallo que logre matar o herir al contendor.

IPC-203　　　　　Fiesta popular　　　　　Siempre
　　　　　　　　　　　　　　Carirubana y Los
Taques

Actividad que se incluye dentro de las tradiciones de estos municipios. Los dueños y preparadores van ante un juez quien anota el peso y separa a los gallos en jaulas individuales antes de la pelea. En presencia del mismo se le colocan las espuelas pasadas o desinfectadas con acetona. El tiempo de la pelea varía pero se circunscribe entre 30 y 40 minutos.

IPC-107　　　　　Fiesta popular　　　　　Siempre
　　　　　　　　　　　Todo el municipio
Mauroa

Se ponen a reñir dos gallos a las que se apuesta. Esta actividad es parte de la tradición del pueblo mauroense

IPC-106   Fiesta popular   Siempre   Municipios Sucre y Unión

Las peleas de gallos son unas de las principales atracciones de los habitantes de Arequito. Se realizan todo el año y las más importantes son las que se llevan a cabo los 1 y 2 de octubre, días tradicionales de actividad de gallos en la zona desde 1952 y que coinciden con las fiestas patronales de la comunidad.

VIRGEN DEL CARMEN

FUENTE	**FIESTA**	**FECHA**	
LUGAR	**PARROQUIA**	**MUNICIPIO**	

IPC-117   Fiesta patronal   9 al 16 de julio El Recreo   Santa Ana   Miranda

Fiestas patronales del 9 al 16 de julio. Misas, procesiones y fiestas populares.

IPC-119   Fiesta patronal   15 y 16 de julio San Gregorio   Río Seco   Miranda

Se realizan variadas actividades culturales, en especial conciertos con cantantes de la zona. Se entonan salves a lo divino. También se ejecuta la música de violín, tambor y cuatro, destacando en esta interpretación los hermanos Quintero. Se ameniza con juegos pirotécnicos. La misa y la procesión con la imagen de la Virgen se realizan el día 16.

IPC-130-Millet   Fiesta patronal   16   de
julio   Calle Federación   La Vela
        Colina

Se ha constituido en una de las más importantes
celebraciones del veleño, especialmente para los
pescadores, quienes esperan cada año la bendición de la
Virgen al mar. La víspera del 16 se lanzan fuegos
artificiales, se realizan retretas, misas y primeras
comuniones. La imagen sale en procesión hasta el puerto,
donde es montada en una embarcación desde donde el
sacerdote bendice al mar. **Nota del editor**: "En el pueblo
marítimo de La Vela de Coro, se repiten muchos de los
actos y escenas observados en otras comunidades de
pescadores, como la creación de un ambiente y atmósfera
de extrema alegría, en la que se comparten juegos de
dominó, música grabada o en vivo y, naturalmente,
alimentos y bebidas, tanto en el interior de las casas como
en espacios públicos. En ocasiones he podido observar
bailes en parejas entre familiares y amigos. Se acostumbra
amanecer alrededor de la playa y al día siguiente se declara
de asueto entre los pescadores artesanales privados."

IPC-95-Millet   Fiesta patronal   Mes de
julio   Puerto Cumarebo   Puerto Cumarebo
        Zamora

Patrona de los marineros y pescadores. Las fiestas se
realizan en el muelle del puerto, desde donde la pasean en
una lancha adornada con flores. **Nota del editor**: "Al final
de la celebración religiosa, la gente comparte en el interior
de las viviendas y en espacios públicos, en un ambiente de
alegría y de gran relajamiento, en el que se escucha música
y se comparten alimentos y bebidas alcohólicas. He
amanecido entre estos entusiastas fiesteros."

IPC-213   Fiesta religiosa   15 y 16 de julio   Santa Ana   Santa Ana
Carirubana

Se inicia la noche de la víspera del día de la Virgen con cohetes y una misa. El día de la Virgen del Carmen se celebra otra misa. Al finalizar se bendicen e imponen los escapularios para mantener el ejemplo de fe y cristianismo.

IPC-95   Fiesta religiosa   Mayo
El Jobo   Mene de Mauroa   Mauroa
Ritual a la Virgen
Vía de Caracolí

Se inició en 1976 y las actividades se realizan en el mes de mayo sin fecha fija. Al principio se rezaban rosarios en casa de algunos vecinos con la imagen de la Virgen. La devoción de los feligreses hizo posible la construcción de una capilla en la cual se venera y cada domingo acuden a rezar el rosario.

IPC-96   Fiesta religiosa y popular Julio
Casigua   Casigua   Mauroa
Tradición que se cultiva desde 1770, fecha en que la imagen fue traída desde España hasta Casigua. Se realiza una procesión culminando con homenajes a la Virgen y actos culturales en la plaza del pueblo. Actualmente la imagen se halla en el templo colonial del poblado.

IPC-98   Fiesta religiosa y popular 16 al 18 de julio   Civira   San Félix   Mauroa

Celebraciones que datan de hace más de 50 años, cada 16 de julio, con una duración de tres días. Se inicia con una misa el día 16. Ese mismo día hay bautizos. Durante las festividades se celebran actividades deportivas, culturales y elección de la reina.

IPC-109   Fiesta religiosa y popular 16 al 18 de julio   La Goya   Sucre   Sucre
Festividad que se celebra desde 1937. Al principio se hacía en la Cruz de Taratara trasladándose luego al caserío La Goya. Cada 16 de julio se reza el rosario en la capilla y la celebración dura 3 días, con diversas actividades culturales.

Profesora e Investigadora Religiosa-Popular   16 de julio   Las Guarabas   San Luis   Bolívar
**Marisol Hernández-   Fiestas Patronales   Varios días alrededor
20-10-65.   de Las Guarabas.   de esta fecha.**

El origen de esta festividad data de 1918 cuando José del Carmen Jiménez sintió la necesidad de tener un Santo Patrono a quien homenajear. Llevó la propuesta a la comunidad y ésta aceptó, por lo que envía una carta al párroco de la época solicitando la dotación de una imagen de la Virgen del Carmen. Esta imagen llegó a Las Guarabas entre 1918 y 1922.

El culto se realizaba en casa de José del Carmen, pero este la trasladaba a la casa de quien quisiera halagarla. Luego, surgió la necesidad de buscar un sitio donde reunirse, dado el crecimiento poblacional, por lo que seleccionaron un bosque llamado "El Calvario", cerca de donde se encuentra actualmente la iglesia. En la actualidad, en la madrugada del día 16 de julio, se ofrece a las 12 de la noche fuegos artificiales a la Virgen. A las 5 de la mañana se da la primera serenata a la Santa con mariachis y música de violín. En horas de la mañana se oficia una misa en su honor, se realiza una procesión, rosarios cantados por salveros en pago de promesa, salves y bautizos.

En los últimos dos años, se realiza una caminata de 7 Km. Desde La Encrucijada al pueblo; esta marcha se originó por iniciativa de los jóvenes José Gregorio Molina y Teófilo Acosta (uno accidentado y otro operado) quienes la ofrecieron a la Virgen en promesa por su salud. Las comunidades de Murucuza, La Encrucijada y otras comunidades, solicitaron quedara la marcha como tradición popular.

En el marco de las fiestas patronales se realizan actividades populares tales como: bailes, carrera de burros, carrera de sacos, palo ensebado, cochino engrasado, concurso de comer espagueti con las manos hacia atrás, la manzana en el agua, la piña pelada colgada. Además se reparte cotillones a los chipilines.

Desde 1978 se ha celebrado siete u ocho veces, justo antes del comienzo de las fiestas patronales, la Mini Feria Agrícola Artesanal y Pecuaria de Las Guarabas, como una manera de incentivar a los pequeños y medianos productores de la zona. Durante tres días se exponen muestras agrícolas, pecuarias y artesanales: quesos, animales, vegetales y ganadería de leche bovina y caprina.

NUESTRA SEÑORA DE LOURDES

**FUENTE   FIESTA   FECHA
        LUGAR   PARROQUIA   MUNICIPIO**

IPC-117-Millet   Patronal y popular   01   al
11 febrero   Caujarao   San Antonio
        Miranda

Organizadas por un comité y participación de los gobiernos locales. La comunidad participa en actividades religiosas y recreativas. **Nota del editor**: "En la víspera, en horas de la noche se observa un ambiente de alegría y de compartir entre familiares y vecinos, tanto en el exterior de las casas de viviendas como en otros espacios públicos, que se repite al día siguiente con la instalación de una feria popular, con expendio de comidas típicas, música grabado o en vivo y bailes populares que se prolongan hasta altas horas de la noche."

IPC-94   Religiosa   11 de febrero
        Todo el municipio Mauroa
        Mauroa

Procesión en honor a la Virgen

Se realiza una procesión organizada por el grupo Legión de María e Hijas de María, quienes visten de blanco con cinta azul en la cintura. Los feligreses manifiestan respeto por los favores recibidos y recorren las calles entonando cánticos y oraciones. (IPC) José Millet: Esta celebración comienza en horas de la mañana con una misa, realizada en la ermita ubicada en el pie del cerro, y se continúa, en horas de la noche, con una verdadera feria, donde actúan grupos musicales, se producen bailes entre los parroquianos con ingestión de comidas y bebidas alcohólicas .

NUEVO DÍA   Popular   Febrero
          Caujarao   San Antonio
     Miranda
Página 15 del   **Ferias de Caujarao**
27-01-2007
Se realizan desde hace apenas 2 años (2005). Se hacen exposiciones artesanales y agrícolas, así como la presentación de grupos musicales locales y, en ocasiones, de otras parroquias del Municipio Miranda.

IPC- 96   Popular-Religiosa   Febrero
     Mene de Mauroa   Mene de Mauroa   Mauroa
               Feria agropecuaria, industrial y artesanal
Estas ferias agropecuarias, industriales y artesanales del Municipio Mauroa; se realizan en el parque ferial Damasco Rodríguez y dan inicio a las fiestas patronales en honor a la Virgen de Lourdes. Comienza con una misa en la iglesia de la Virgen de Lourdes y luego una procesión. Posteriormente se realiza la elección de la Reina de las ferias y desfile de carrozas.

VIRGEN MARÍA
FUENTE   FIESTA   FECHA
     LUGAR   PARROQUIA   MUNICIPIO

IPC-117-Millet   Fiestas patronales
     27 y 28 de mayo   Sabaneta   Sabaneta
          Miranda
               Inmaculado Corazón de María

Se realiza una misa antes de la celebración, en honor al Inmaculado Corazón de María. Posteriormente se efectúan comuniones, bautizos y la procesión. **Nota del editor**: "Al término de la liturgia católica, se instala un ambiente de compartir entre miembros de las familias y amigos, algunas veces que viven en otras localidades del país. Se ejecuta música en vivo, se baila y se ingieren bebidas y comidas de elaboración familiar."

IPC-97   Religiosa   31 de mayo
   La Soledad   La Soledad   Zamora

Coronación de la Virgen María

Los habitantes se reúnen alrededor de la Iglesia a celebrar la coronación de la Virgen María. Se celebra desde la década de los 60'.

IPC-101   Religiosa   S/F
   El Soropo   Pueblo Cumarebo   Pueblo Cumarebo

Veneración a la Virgen

   Calle principal

Los fieles concurren a venerar la escultura de la Virgen ubicada en el sitio llamado El Soropo, alrededor de la cual se llevan a cabo rezos y otros ritos, desde el año 2001.

IPC-107   Religiosa   Todo mayo
   Santa Cruz de   Santa Cruz de   Unión

Rosario de Mayo

   30 y 31 los más   Bucaral   Bucaral

Este rosario se efectúa en honor a la Virgen María, a lo largo de todo el mes de mayo. Se inicia la ceremonia con cantos alusivos a la Virgen, luego se rezan los misterios y se entonan otros cantos; al finalizar se hacen ofrendas y oraciones. Durante los días 30 y 31 de mayo se realizan los rosarios más importantes: el día 30 corresponde a los choferes de la comunidad y el día 31 cierra con la coronación de la Virgen y la detonación de fuegos artificiales.

FERIA DEL PESEBRE

FUENTE FIESTA LUGAR	FECHA PARROQUIA	MUNICIPIO
IPC-118-Millet de Navidad Coro Miranda	Religiosa-popular San Gabriel y Santa Ana	Tiempo

Feria del Pesebre

Surgió como iniciativa del antropólogo catalán José María Cruxent. Con esta festividad se ha logrado promover entre los corianos el espíritu navideño y el rescate de los valores cristianos de la navidad. Se llevan a cabo conciertos de aguinaldos y cantos populares, nacimientos, pesebres, nacimientos vivientes y ferias de arte popular. **Nota del editor**: Como hemos manifestado públicamente, en las últimas ediciones hemos observado un desplazamiento progresivo de la tradición cultural para dar espacio y énfasis mayor a la realización de ferias comerciales que ofrecen productos mercantiles de baja calidad en franca contraposición al espíritu creador que poseía este evento hace bastante tiempo. Esta opinión la sustentamos con nuestra asidua participación en este evento desde hace varios años y se la hemos manifestado a algunos de sus organizadores, con no muy buena recepción por parte de éstos, al parecer."

IPC-93　　　　　Popular　　　　　Diciembre 01
Puerto Cumarebo　Puerto Cumarebo
Zamora
Feria del Pesebre
Fiesta colectiva iniciada en 1946. Se construyen pesebres en los garajes u otros ambientes de la casa. Se inicia el primero de febrero y concluye el 28 de febrero.

NUEVO DÍA　　　Feria del Pesebre
Coro　　　San Gabriel y Santa Ana
Miranda
01-10-2007
Página 9
Actividad que se celebra desde hace 26 años con una duración de 4 días durante la época navideña, en los que se presentan grupos musicales, orfeones y corales; desfiles de escuelas, exposiciones de pesebres con premiaciones, concurso de pintura, venta de comida y dulces tradicionales.

Nuevo Día   **Feria Popular del Pesebre**. Diciembre
            Coro
        Miranda
05-12-2007
Página 40
La Feria del Pesebre que años tras años se celebra en la
ciudad de Coro se ha convertido en un acontecimiento
nacional, gracias en gran medida a su originalidad. Se dan
una serie de actividades como: Salones de pintura infantil,
actividades religiosas, actuación de grupos de parrandas,
de gaitas, expoventas. Actualmente se efectúa
simultáneamente en la casa sede del Museo del Pesebre y
en el Paseo Alameda. Participan en esta feria muestras de
los diferentes municipios del Estado Falcón, elaborados en
liceos y escuelas.

Nuevo Día   **Feria   Tradicional   del   Pesebre**.
Diciembre   Taratara   La Vela de Coro
        Colina
Página 41
05-12-2007
Esta   actividad   popular   persigue   rescatar   las
manifestaciones culturales y festivas de la zona. Se realiza
un concurso en el que participa la comunidad organizada.
Se presentan pesebres de cualquier material y técnica:
tallados, esculpidos, tejidos. Se presentan en la feria
grupos de danzas y tambor.

ECHAR EL AGUA
FUENTE   FIESTA   FECHA
**   LUGAR   PARROQUIA   MUNICIPIO**

Echar el Agua o

Falcón

Bautismo en Agua.

Nota de editor: "Es tradición que continúa el ancestral acto de bautismo instituido por San Juan Bautista antes de la aparición de un clero especializado en tales menesteres. Es decir, se parte del criterio de que la bendición de Dios puede hacerse presente aun sin su representantes ni mucho menos ante la ningún tipo de iglesias". El ritual de la purificación por inmersión o aspersión con empelo del agua se le hace a los recién nacidos antes del bautizo religioso.   Generalmente deben ser 3 los padrinos, dos sostienen al niño y un tercero (a) soporta el plato y la vela. El rezandero inicia la ceremonia exclamando:"Hagamos la intención de que este niño sea cristiano", a lo cual los padrinos responden: "Está hecha", a la vez que se coloca al niño la vela en su mano. Se reza un credo y el rezandero pregunta el nombre del niño e interroga ¿Este niño quiere ser cristiano?, al recibir la afirmación de los padrinos responde: "En el nombre del Padre, del Hijo y del Espíritu Santo",   al tiempo que echa el agua sobre la frente del niño y la recoge en el plato el tercer padrino. Para finalizar se reza un Padrenuestro y se riega el agua del plato sobre el techo de la casa. Nota del editor: "Afortunadamente, la institución familiar conocida por padrinazgo, se ha conservado bastante bien entre los falconianos, y posee una fortaleza superior en los asentamientos rurales, especialmente entre los serranos, campesinos y pescadores en general."

CRUZ DE MAYO

| FUENTE | FIESTA | | FECHA |
| LUGAR | PARROQUIA | MUNICIPIO |

IPC-119-Millet Religiosa 3 de Mayo Santa María de Guzmán Guillermo Miranda

Cruz de Mayo
La Chapa

La comunidad se reúne para ensalzar a la cruz, rezar y entonar salves. Antes de la celebración la cruz es vestida con papel de vistosos colores, luego se lleva a la capilla en la cual le rinden homenaje con cantos y rezos, los cuales hacen   en pago de promesas o peticiones concedidas. **Nota del editor**: Esta celebración tiene un gran arraigo en nuestra región, incluidos los asentamientos suburbanos y urbanos, asimismo adquiere características particulares en las comunidades rurales, con el honorable antecedente histórico de haber precedido, en horas de la noche anterior, el alzamiento de la Sierra Coriana encabezado por el revolucionario José Leonardo Chirino, quien se alzó en armas contra la tiranía española, en la parroquia de Curimagua, el 10 de mayo de 1795. Parecería que la historia se repite en varios sitios de la geografía caribeña, porque el alzamiento de los haitianos estuvo precedido también por una ceremonia de vodú, en horas de la noche anterior al desencadenamiento de la insurrección victoriosa que daría al traste con el dominio del corso Napoleón Bonaparte en el Saint Domingue, considerado la joya más preciosa y cara de la corona imperial Parecería obra del simple azar, pero la historia se repite en distantes escenarios y distintas circunstancias, y pongo el ejemplo más elocuente de la revolución primera que triunfó en nuestro continente, la de los ex esclavos de Haití, precedida por un festival de su religión voduista que dio paso, la noche antes, al alzamiento armando que puso fin al dominio colonial y esclavista de Francia en aquella colonia que no esperaba fuera tan rebelde, valiente y heroica ."

IPC-95   Religiosa   3 de Mayo
    Corozalito   Zazárida   Zamora
Salves a la Cruz de Mayo

Durante la celebración de la Cruz de Mayo en esta localidad se realizan bautizos, misas y procesiones.

IPC-95 Religiosa-popular 3 de mayo
Churuguara Churuguara
Federación

Festividad a la Cruz de Paso Arena

Cruz con más de 100 de 2,5 mts de alto por 1,2 mts de ancho. Se adorna con flores naturales y artificiales para ser expuesta durante la procesión. Se organizan procesiones, rosarios, bailes tradicionales, comidas y bebidas criollas. Al finalizar la ceremonia la Cruz se resguarda bajo techo, a petición del sacerdote de la parroquia.

IPC-99 y 100 Religiosa popular 3 de mayo
Todo el municipio
Federación

Celebración del Día de la Cruz en todo el municipio

Cada 3 de mayo los habitantes del municipio Federación celebran la fiesta en honor a la Cruz de Mayo. La Cruz tallada en madera es vestida con tiras de papel de seda de diferentes colores. La fiesta se inicia con una procesión por las calles del poblado a la vez que se rezan rosarios y se cantan salves acompañado de tamboras cuatros y violines. A veces, alguna familia beneficiada por La Cruz monta un altar en su casa y abren sus puertas para a aquellos que quieran celebrar la gracia. Al concluir la festividad religiosa comienzan la fiesta popular con juegos, concursos, comida y música.

IPC-206 Religiosa-popular 2 y 3 de mayo
Carirubana y Los Taques

Cruz de Mayo

Los promeseros organizan las festividades. La Cruz se ubica en el patio de las casas de los promeseros adornada con flores naturales y adornadas con rosarios, salves y décimas. Durante los preparativos se consume mondongo y bebidas. La celebración comienza al anochecer del 2 de mayo culminando el 3 de mayo.

IPC-94 **Religiosa** **3 de mayo**
Píritu y Tocópero
Cruz de Mayo

Se viste la Cruz con papel de colores y se coloca sobre el altar. Si se entonan cantos religiosos, La Cruz se coloca de frente a la feligresía; si son profanos es puesta de espalda. Se recitan salves y décimas.

IPC-98 Religiosa popular 2 y 3 de mayo
Todo el municipio Mauroa
Cruz de Mayo

Los preparativos se inician una semana antes. El día 2 se coloca la Cruz en el centro del caserío. Los pobladores se encargan de vestirla con papel y colocarle flores en toda la superficie. El día 3 se entonan cantos de salves y juegos tradicionales.

IPC-107 Religiosa 2 y 3 de
Mayo La Cruz de Taratara Sucre Sucre
Celebración en honor de la Santísima Cruz de Mayo

En este poblado la festividad de La Cruz data de 1901. En la tarde del 2 de mayo se realiza una misa y el día 3 los actos en el monumento a la Cruz. Es un día de asueto no laborable por respeto y veneración a la Cruz la que recibe agasajos, rezos, salves y la quema de un árbol pequeño. La Cruz es adornada con flores de papel, telas, cinta y palmas de colores.

IPC-200	Religiosa	Mayo y diciembre
Carirubana	Carirubana	Carirubana

Calvario de la familia Sánchez

Son tres pequeñas cruces hechas en madera de cardón por Quiteria Sánchez hacia los inicios del siglo XIX. Su actual custodio, Merly Sánchez, lo recibió en vida de Paula Sánchez, su tía y quien murió de 97 años en el 2001. Estas cruces se elaboraron en principio como objeto de oración de la comunidad que pedía lluvias a la Santa Cruz y que con los años comenzaron a pedirle también otros favores. El Calvario es adornado dos veces al año: para las festividades navideñas en diciembre y el 3 de mayo. Durante los primeros cien años el calvario era sacado en procesión durante el mes de mayo y bordeando la costa era llevado hasta la celebración de la Santa Cruz en Los Taques. Desde 1920 no se saca el calvario en procesión, pero cada 3 de mayo, día de la Santa Cruz se le reza el rosario cantado con participación numerosa de la comunidad.

Nuevo Día	Religiosa y popular	Mayo
Los Taques	Los Taques	Los Taques

| Suplemento Viejo Día | **Fiestas de La Cruz de Mayo** | |

12-05-2006. Ramiro "Chucho" Díaz, cronista del Municipio Los Taques

No se tiene fecha de inicio de estas celebraciones pero se recuerda que sus primeros organizadores fueron Basilio Irausquín, Basilio Barrientos, José Álvarez y su esposa Incida Falcón de Álvarez. En la víspera, Doña Delmira Gotopo bajaba desde San Antonio, Jadacaquiva; cubierta con romantón y montada en una mula cuya silla la adornaba con borlas de colores. Hacia 1935 el Jefe Civil Teniente Marcial Barreto Méndez, amante de la tauromaquia, organizaba faenas taurinas. El fervor popular y religioso hacia la Santa Cruz envolvía al pueblo entero.

El 11 de julio de 2005, el Consejo Municipal de Los Taques declaró Patrimonio Cultural, las Fiestas patronales en honor a la Santísima Cruz de mayo, patrona del Municipio Los Taques.

| **Nilda Arratia** | Religiosa-popular | 3 de mayo |
| Jacura | Jacura | Jacura |

Norma Vargas   La Fiesta de la Santa Cruz
** y Orlanis Zambrano**
"Haciendo Historia en Jacura"

Se venera el 3 de mayo, durante su celebración se realizan velorios en la localidad de La Vaca de Jacura y en los que intervienen diferentes cantores (cantos polifónicos).

FIESTA EN HONOR AL SAGRADO CORAZÓN DE JESÚS
FUENTE   FIESTA   FECHA
**   LUGAR   PARROQUIA   MUNICIPIO**

IPC-119   Religiosa-popular   Junio, julio
     Mitare   Mitare
     Miranda
     o agosto.
Se comenzó a realizar en 1988. Antes de las fiestas en sí se realizan novenarios en distintas casas de la población. En la víspera se celebra una misa solemne en la que se celebran bautizos, comuniones y confirmaciones; así como la exposición y procesión del Santísimo Sacramento por la calle principal de Mitare. Se realizan actos culturales diversos, en la tarima de la iglesia.

IPC-95   Patronales-popular   20 de junio
     Pueblo Cumarebo Pueblo Cumarebo   Zamora
                    Fiestas Patronales del Corazón de Jesús. Parque Las Madres, Urbanización Ciro Caldera
Se realizan del 12 al 20 de junio de cada año. Participan todas las iglesias dependientes de la parroquia y se realizan actos culturales, misas, procesiones, confirmaciones, bautizos y primeras comuniones.

CELEBRACIÓN DEL DESEMBARCO DEL GENERALÍSIMO
FRANCISCO DE MIRANDA A LA VELA DE CORO

FUENTE   FIESTA   FECHA
**   LUGAR   PARROQUIA   MUNICIPIO**

IPC-124-Millet   Patriótica-popular   3   de agosto   La Vela de Coro   La Vela de Coro   Colina

Cada 3 de agosto los veleños conmemoran el arribo del Precursor de la Independencia Francisco de Miranda a sus costas, donde se izó por vez primera en Tierra Firme la Bandera Nacional. Se realizan actos cívicos y culturales y generalmente cuenta con la presencia del Presidente de la República. **Nota del editor**: "Todos los veleños, sin distinción de clase social ni de posición política, se sienten enorgullecidos por ser escenario de tan significativa efemérides y durante los días que preceden la celebración se aplican a engalanar sus hogares lo mejor posible e incluso se aplican a hacerlo en lugares públicos; durante la solemnidad nacional traslucen su alegría y luego de los actos oficiales reina en entre ellos la alegría, la risa y el compartir en paz, que es el verdadero y principal espíritu de las fiestas, aun de las más solemnes, como éstas relacionadas con la exaltación de nuestro símbolos nacionales y del proceso conducente a la liberación de nuestros pueblos del yugo opresor".

FIESTA DE LOS LOCOS
FUENTE   FIESTA   FECHA   LUGAR   PARROQUIA   MUNICIPIO
Agencia   Popular   27   Y   28 Diciembre   La Vela de Coro   La Vela de Coro   Colina
Bolivariana de Noticias (Digital)- Millet 21-12-2005
Nota del autor-editor José Millet:

La Fiesta de los locos surge de las entrañas del cristianismo medieval, donde habían sobrevivido el culto a Saturno, dios itálico de la agricultura, tal vez uno de los reyes del Lacio a quien se le atribuye el haber introducido esta actividad productiva basada en la explotación a la tierra, por cuyos frutos reina la abundancia, el bienestar y por tanto la paz, entre los seres humanos que lo celebran con diversas expresiones festivas. De esto nacieron las famosas **fiestas saturnales** realizadas precisamente en el mes de diciembre, durante un período en que imperaba la alegría general y quedaban abolidas, al menos en ese momento, la mayoría de las restricciones establecidas por la vida del hombre en sociedad. Creo que esta apreciación contenida en mi nota podría ayudar al lector a entender por qué en el pueblo pesquero de La Vela se celebró en el pasado esta fiesta con las licencias que permitían a un ciudadano apropiarse de un bien ajeno sin ser castigado por la ley, vestirse con trajes de mujer siendo hombre sin ser reprimido por ninguna iglesia y comer y beber hasta caer borracho y desfallecido sin que la moral lo tachara de sinvergüenza. No descarto que una fiesta pueda tener más de una fuente de motivación, como puede ser el caso de que se recuerde el crimen de Herodes de los Niños inocentes, lo cual en todo caso es un recurso válido del pueblo para oponerse a los excesos que el ejercicio del poder público y privado a menudo acarrean, que puede llegar hasta el crimen más horrendo. Veamos, no obstante, lo que nos dicen algunas fuentes consultadas."
La historia regional indica que en 1930 nació esta colorida tradición que por años se ha mantenido vigente en un pueblo, que espera ansioso la llegada del 28 de diciembre para mostrar la cara más brillante de la época decembrina en el Estado Falcón.

El presidente de la Asociación Santos Inocentes, Oscar Cordero, aseguró que La Fiesta de Los Locos de La Vela es una réplica de una celebración original que existía en el país en la época de la colonia, cuando, cada Día de los Inocentes, los amos les concedían a los esclavos el permiso para parrandear y adueñarse de las calles y plazas en sus poblados.

Esta tradición en el puerto de La Vela recuerda aquellos tiempos cuando salían grupos numerosos de personas que se disfrazaban con vestidos y trajes harapientos y la cara cubierta con trapos viejos, llamados mamarrachos, que se hacían acompañar por ritmos musicales

En aquellos tiempos, Los Locos tenían permiso para adueñarse de chivos, marranos, gallinas y pollos, así como de algunas especias que consiguieran a su paso, para después convertirlos en el ágape de la gran celebración.

La evolución de esta costumbre popular dio grandes pasos hasta convertirse hoy en una de las fiestas más vistosas, coloridas y hasta lujosas, pues en medio de su espíritu festivo, marcado por el misterio y el anonimato, Los Locos de La Vela lucen trajes llenos de modernismo y fantasía.

EL RITUAL.

Nota del autor-editor José Millet:

Aunque la mayoría de las fuentes consultadas, aun las más autorizadas, no lo reconozcan, Africa salta a la vista, en los espacios y hechos más insospechados. La "Mojiganga" con su sombrero de copa larga, acompañada de tambor y burro, nos transporta a un pasado cuyo origen debe ser encontrado en aquel continente "negro" devastado por los colonialistas europeos y, luego, a España, donde existen personajes semejantes en algunas festividades, religiosas o no. El personaje "El correo", en bicicleta, forma parte del punto medio de la evolución de "Los Locos" entre aquel pasado asociado al catolicismo medieval y el presente, mientras que "Los cucuruchos", con éstos, son el ejemplo más elocuente del núcleo que ha terminado por imponerse a la tradición: vistosos vestuarios, rica decoración y brillantez impactante en el estilo, constituyen lo más relevante y el principal foco de atención visual y plástico, por encima de la herencia rítmica y musical aludida en el tambor, patrimonio venezolano nadie lo oculta, pero donde es expresiva la herencia de la Madre que la discriminación étnica y racial nos obligó a no reconocer nunca."

Tres personajes son característicos en esta celebración: La Mojiganga, El Correo y, por supuesto, Los Locos. Los dos primeros anuncian la gran fiesta recorriendo las calles del pueblo en medio del sonido de los cohetes. La Mojiganga hace su recorrido la noche del 27 de diciembre montada en un burro, y al ritmo del tambor veleño, reparte las invitaciones en las casas que serán visitadas por Los Locos. Luego este personaje lee el decreto que se emite en nombre de la Asociación de los Santos Inocentes y solicita beneficios para la tradición y el pueblo.

Mientras, El Correo sale en su bicicleta bien temprano en la mañana del 28 a anunciar que está cerca la gran fiesta de color y ritmo.

Al sonar el tercer cohete del día 28, Los Locos, trajeados ya para el festín, hacen que una explosión de color, brillo, ritmo y emoción se apodere de las calles de la población de La Vela. Primero asisten a la iglesia donde besan la imagen del Niño Jesús como un gesto para resarcir la masacre ordenada por Herodes y luego van rumbo al gran desfile.

De mamarrachos a coloridas fantasías.

Nota del autor-editor José Millet: " *Mamarrachos* se le decía en época de la colonia a las fiestas en honor a Santiago Apóstol, santo patrón de España a la sombra de cuya espada se llevó a cabo la conquista y colonización de nuestro continente. Voz que designaba a los personajes de los cabildos africanos traídos de Sevilla a Nuestra América, que se sumaban a las celebraciones eclesiásticas conformadas por el clero y las autoridades civiles en cada una de las ciudades bautizadas con el nombre de tan memorable patrón sagrado patrón que presidió antes la lucha contra los infieles musulmanes que dominaron España durante varios siglos. Me es grato volver a constara aquí, en el contexto de las Fiestas de los Locos de La Vela. En el fondo, la Humanidad es una, aquí y allá, en cada uno de los puntos más recónditos del planeta y aun más semejanza las tenemos entre los pueblos que compartimos el espacio que otro Apóstol, en su caso el de la Independencia de las Antillas, bautizó como Nuestra América. "

La evolución de los trajes creados por los populares locos pasó de llamativos mamarrachos, de trapos harapientos, al cucurucho con su largo cono colocado en la cabeza, con máscara y alpargatas. Con el transcurrir del tiempo, sin perder el sentido de anonimato de los personales, se elaboraron vistosas representaciones como trajes de mariposas, barajas y aves. En la actualidad, esas alegorías se constituyen en las más espectaculares fantasías que forman parte del tradicional desfile de Los Locos.

Trajes de alta factura, de minuciosa elaboración, detalles brillantes y grandes dimensiones se lucen en esta época de carnaval decembrino, como el tesoro más preciado de los veleños, quiénes luchan por mantener viva una tradición que, aunque adaptada al modernismo, se resiste a dejar morir su esencia. Según el presidente de la Asociación Santos Inocentes, cada traje, en cuya elaboración intervienen hasta 40 personas, puede superar el costo de un millón de bolívares, con un peso mayor a 25 kilogramos. Tanto el diseño como la confección de los vestuarios se desarrollan bajo un ambiente de absoluto misterio y celo para mantener el escepticismo. Definitivamente, Falcón es uno de los estados del país donde esta tradición mantiene sus raíces históricas y culturales, pues los Locos de La Vela se han convertido en embajadores de Venezuela ante varias naciones. A través de los años esta fiesta se ha sembrado en el corazón de todos los falconianos y de los venezolanos en general, de allí que las calles de La Vela se conviertan en pequeños escenarios para albergar a la gran cantidad de turistas procedentes de otros estados.

NUEVO DÍA   Popular.   27 y 28 diciembre   La Vela   La Vela
          Colina

Página22   **Turistas en la Fiesta de Los Locos**
29-12-2007

El día 28 de diciembre de cada año La Vela recibe a cientos de turistas que vienen a presenciar el desfile de disfraces y a participar en las distintas actividades culturales.

IPC-124   Popular   27   y   28   de diciembre   Taratara   Taratara   Colina
          Fiesta de Los Locos

Nota del autor-editor José Millet:
Según el sabio Fernando Ortiz, padre de la Antropología en el Caribe, mojiganga es voz de origen africano; kikonga, nos precisa el etnólogo Teodoro Díaz Fabelo en su excepcional **Diccionario residual de las voces…**". Cada 27 y 28 de diciembre se celebran en Taratara las Fiestas de Locos. El primer día, un hombre vestido de negro y con la cara tiznada llamado **La Mojiganga** recorre las calles del pueblo tocando todas las puertas y asustando a los niños pequeños. El 28 de diciembre a partir de las nueve de la mañana hombres, mujeres y niños disfrazados (estos últimos llevando máscaras de papel y barro elaboradas por ellos mismos) recorren el pueblo acompañados por músicos de guitarra, maracas, tambor y charrasca. Los personajes conocidos como "las locas", similares a **La Mojiganga,** recorren las casas del pueblo donde son recibidas con comida y cucuy. La fiesta dura hasta altas horas de la noche.

IPC-98　　　　　Popular　　　　　28　　　　de diciembre　　　Moruy　　　　　Moruy
　　　　Falcón

Fiesta de Los Locos

Cada 28 de diciembre se celebra la Fiesta de Los Locos en esta población, rememorando la matanza de niños ejecutada por órdenes del Rey Herodes. Los hombres se visten de mujeres y viceversa. Los niños de viejo y viceversa. Se visten trajes coloridos, se llevan máscaras y muñecos en los brazos. Se aplican multas y arrestos simbólicos. Grupos musicales y actividad cultural diversa.

La Mañana.　　　　　Popular　　　　　28　　　　de diciembre　　　Moruy　　　　　Moruy
　　　　Falcón

Los Locos salen a la calle con sus múltiples y coloridos disfraces y da inicio a las actividades con el recorrido de "El Bando" a fin de leer el decreto con las actividades del día. Es a partir de 1930 cuando un grupo de personas se dedicó a organizar bailes, comparsas y decretos. En esta festividad se realiza un acto simbólico de la representación del diablo como la autoridad mayor, papel que cae generalmente en el alcalde.

Humberto Ocando   Popular   27 y 28 de diciembre   Moruy   Moruy
          Falcón

"Juego de Locos de Moruy"
En esta parroquia se acostumbra, como en todos los pueblos de Venezuela hacer bromas de mal gusto en el día de Los Santos Inocentes; ejemplo: café con sal, anuncio de una falsa noticia, un buen hervido con azúcar (caíste por inocente). Todas estas bromas eran entre familiares de esta comunidad cuyas bromas tomaron otros rumbos. Ya no eran de mal gusto, si no maldades mayores de estilo quevedesco, espectáculos donde toda absurdidad tiene cabida dentro de un marco de respeto y decencia con el buen sentido de humor y para no ser descubierto en la maldad, se disfrazaban con llamativos y escandalosos colores.

Así nacen los Juegos de Locos de la parroquia San Nicolás de Moruy, sin organización hasta 1920, cuando el bachiller Pedro Sánchez los organizó con comparsas, bando y un reglamento ley elaborado por él mismo. También llamó a concurso a los diseñadores para los disfraces de los locos y de las mujeres policías.

Las vísperas del juego es el 27 de diciembre. El Loco Mayor o Presidente recorre de noche con sus secretarios casi todo el pueblo. Estos leen el bando en el cual están las medidas establecidas que tomarán los disfrazados contra los animales realengos o silvestres, o contra las personas que no anduviesen provistos de una divisa. En algunas ocasiones cuando se salía a leer el bando, se llevaba en un chinchorro a un loco acostado representando al año viejo. "El día 28 a primeras horas de la mañana salen los locos empezando su fiesta, ese día no podían andar sueltos los animales en ciertos pueblos de Falcón. Los disfrazados perseguían burros, cochinos y gallinas hasta capturarlos. Los llevaban a presencia de sus dueños, quienes se veían obligados a pagar multas por la libertad de éstos. Toda persona que caminaba ese día por el pueblo debía andar provisto de una divisa, pues de lo contrario quedaba detenido" [4]

Nuestra gente hospedaba a los visitantes que llegaban con anterioridad a estos juegos, se mataban reces y chivos para los que venían de Carirubana, de Punta Cardón a las familias Aular y López, en Los Taques a las familias Irausquín y Díaz.

---

[4] Alí Brett Martínez "Aquella Paraguaná" Primera Edición Adaro (1971) P. 128.

Esta parroquia San Nicolás de Moruy, tiene más de siglo y medio haciendo alegrar con sus coloridos juegos de locos, manteniendo su tradición mediante la dedicación del propósito sano del que quiere hacer algo positivo. "La meta de este juego es visitar brevemente, bailando siempre, todas las casas del vecindario. Pero a veces acceden a detenerse un rato más en algún lugar donde sean obsequiados y se les invite a bailar con las muchachas de las casas. Si esto sucede, el jefe de la locaina, el Señor de los Cuernos, hace protocolo; tiene a su cargo los cumplidos de la ceremonia, que consiste en primer lugar en solicitar permiso del dueño de la casa o jefe de familia y dar gracias por el honor de ser recibido, luego al terminar y despedirse, repite las gracias por la mutua complacencia.

La duración de estos juegos dura hasta las horas de la tarde, y de allí continua el baile. En suma, es una sana diversión el juego de los Locos de Moruy" [5]

IPC-93　　　　Popular　　　　　　28　　　　de diciembre　　　Todo el municipio Federación
　　　Federación

Día de los Locos

Se realiza durante el 28 de diciembre. Los disfraces se hacen al gusto de cada persona. Los Locos recorren todo el poblado acompañado de una parranda destacándose la de" Los Diablos", que son los encargados de poner el orden y van disfrazado según su jerarquía.

IPC-206　　　Popular　　　　　　28　　　　de diciembre　　　Punta Cardón　　Punta　　Cardón
　　　Carirubana

---

[5] Estevez, Juan "Los Taques Puerto hacia el Progreso" P. 63

Inicialmente se realizaba en la comunidad de La Botija y que al desaparecer lo adoptó la población de Punta Cardón en conmemoración del hecho bíblico de la matanza de los niños en Belén. También conocida como Juego de Los Locos se organiza una semana antes cuando se nombra a la Reina de Los Locos, el Diablo quien se encarga del orden en las comparsas, los jinetes y las preñaditas. Se realiza hace más de treinta años. Los participantes se esconden disfrazándose desde tempranas horas con trajes por ellos elaborados. Los músicos, tambores, guitarras, cantos y bailes salen entre 10 y 11 de la mañana. Los Locos cantan y bailan de casa en casa, recogiendo en un sombrero un "aguinaldo"

Nilda Arratia, Popular 28 de diciembre Jacura Jacura Jacura
Norma Vargas y Orlanis Zambrano
"Haciendo Historia en Jacura"

La Fiesta de los Locos o Día de los Inocentes (28 de diciembre) actualmente no se celebra, pero en el pasado logró esplendores incalculables. Durante su celebración el jefe de los locos asumía el mando del pueblo. Se caracterizaba porque los hombres vestidos de mujer, con ciertos personajes especiales, máscaras se disfrazaban y bailaban. Nombraban un estado mayor y la presidenta, que siempre era una señora mayor, se hacía respetar. Multaban a todo el que se encontraban en la calle y los fondos obtenidos eran para la fiesta en la noche. Llegaron a jugarse con orden hasta la década del 50.

MARCHA DE LA FE

FUENTE FIESTA FECHA LUGAR PARROQUIA MUNICIPIO

IPC-125-Millet Religiosa 12 de diciembre El Carrizal La Vela de Coro Colina

Cada 12 de diciembre, día de la Virgen, se celebra la marcha de la Fe; procesión en honor a Nuestra Señora de Guadalupe. Comienza en la Urbanización Los Médanos pasando por el Paseo Alameda de Coro (Ramón Antonio Medina), el Parque Ferial "Pablo Saher" hasta culminar en El Carrizal. **Nota del editor**: "He descrito en uno de mis memorables diagramas de nuestro Atlas el proceso completo de esta verdadera marcha que convoca a creyentes de Coro, el Estado Falcón y de otros sitios de la geografía venezolana. La saludo como fiesta de la unión y de la reafirmación en los poderes de los entes espirituales que habitan en el planeta, sea en su parte sólida, acuática o en la biosfera. En las áreas aledañas al santuario de El Carrizal la gente comparte sin conocerse y se sitúan también muchos vendedores informales con toda la parafernalia asociada a la religión, algunos de cuyos exponentes son de alta calidad en su manufactura y belleza; otros bisutería, no artesanía."

PROCESIÓN DEL SANTO SEPULCRO

FUENTE FIESTA FECHA LUGAR PARROQUIA MUNICIPIO

IPC-126 Religiosa Viernes Santo La Vela de Coro La Vela de Coro Colina

Esta procesión del Santo Sepulcro tiene su origen en el siglo XIX. El Santo Sepulcro, el Apóstol San Juan y la Virgen María La Dolorosa son las imágenes religiosas que participan en la procesión. El Santo Sepulcro, ataviado por los vecinos de la comunidad es llevado en procesión desde la iglesia hasta el final del boulevard donde lo espera el Apóstol San Juan. Este le hace una reverencia al Santo Sepulcro y le da paso para así continuar ambos hasta la Plaza León Colina donde juntan con La Dolorosa para continuar las tres hasta la capilla El Calvario donde se celebran las Siete Palabras. Los cargadores de las pesadas imágenes dan pasos acompasados hacia atrás y hacia delante al ritmo de la música.

FIESTAS EN HONOR A SANTA CECILIA

FUENTE	**FIESTA**	**FECHA**		
LUGAR	**PARROQUIA**	**MUNICIPIO**		

IPC-127 Religiosa-popular 22 de noviembre   La Vela de Coro   La Vela de Coro   Colina

Sector Manaure

Patrona de los músicos. Se celebra esta festividad en esta comunidad desde el año 1977 cuando los músicos Alejandro Zavala y Tomás Vargas se preguntaron por qué no se celebraba en La Vela el día del músico. Al año siguiente el pueblo adquirió la escultura de Santa Cecilia. Se celebra de la siguiente manera: Con un mes de anticipación la comunidad realiza vendimias, (que así llaman en Falcón a la venta de comida, dulces, ropa vieja, artesanía y otros en las verbenas) rifas y bingos a fin de recaudar fondos. Un día antes de la celebración o sea el día 21, se celebra la procesión desde su capilla hasta El Calvario y viceversa para proceder al rezo del rosario. El 22 de noviembre se saca de nuevo la imagen y se le celebra misa a las 7 de la noche. Luego la Virgen es paseada por algunas calles y avenidas de La Vela bajo fuegos artificiales y al son de la música frente a la casa de Tomás Vargas.

Luis Cazorla   Religiosa   22   de noviembre   Coro   Santa Ana   Miranda

INCUDEF.   **Santa Cecilia, Patrona de los Músicos** Celebración que se realiza cada 22 de noviembre. Se inicia con fuegos artificiales y luego la procesión de la Virgen acompañada por la Banda "Santa Cecilia". Más tarde se celebra una misa y nuevamente sale la imagen de la Virgen para la ofrenda al Libertador en la Plaza Bolívar de Coro, de donde es llevada nuevamente a la sede de la Escuela de Música "Elías David Curiel" en la donde permanece. Zamora y Colina también celebran esta festividad

---

**FIESTA PATRONAL EN HONOR A
SAN MIGUEL ARCÁNGEL**

FUENTE	FIESTA LUGAR	FECHA PARROQUIA	MUNICIPIO

IPC-129-Millet Patronal-popular 29 de septiembre Taratara La Vela de Coro Colina

Nota del autor-editor José Millet

La imagen de San Miguel Arcángel preside el espacio total de la iglesia del núcleo poblado Jacura, capital del Municipio de igual nombre. Sus pobladores no me supieron decir el origen de esta devoción, pero lo que no da lugar a dudas es que los aglutina y constituye una indudable referencia cultural. Existe como una especie de cofradía informal que atiende los pormenores del recinto, incluido en ella un carpintero que está muy pendiente de todo tipo de acomodos y arreglos físicos del mobiliario." Este santo es el patrono de Taratara. Cuando no había iglesia en Taratara la imagen reposaba en una capilla de bahareque perteneciente a Doña Petra Tejería de Harreta y se trasladaba a El Carrizal todos los 29 de septiembre para celebrar un ritual al santo. Los feligreses cargaban la imagen o a caballo y se acompañaba de música y fuegos artificiales. Al terminar la procesión, egresaban a Taratara. Actualmente las actividades se llevan a cabo en la capilla de Taratara.

NUEVO DÍA Patronales-popular 29 de septiembre Jacura Jacura Jacura
 Página 4 28 de septiembre al 01 de octubre
28-09-2006 y
Nilda Arratia, Norma Vargas y Orlanis Zambrano,

"Haciendo Historia en Jacura"
Se realizan actividades musicales, culturales y deportivas para honrar al Santo patrono. Durante los 4 días de celebración (28 de septiembre al 01 de octubre) se presentan artistas regionales y nacionales, grupos musicales, actos para niños y adultos. El día del santo, el 29; se realiza la procesión y en horas nocturnas el espectáculo musical. Las fiestas son organizadas por la Asociación de Ganaderos (ASOGAJA). Además las Ferias Agropecuarias y Artesanales se realizan unos días antes de las fiestas patronales, donde se inicia con un repique el proceso de las ferias, se exhiben muestras agrícolas y artesanales, hay recepción de animales, desfile y cabalgata, concurso de ordeño y toros coleados.

**FIESTA PATRONAL EN HONOR A
SAN JOSÉ**

FUENTE	FIESTA	FECHA
LUGAR	PARROQUIA	MUNICIPIO

IPC-129 Religiosa-popular 19 de Marzo
La Aguada La Vela Colina
Las fiestas patronales del la comunidad de La Aguada se desarrollan durante una semana alrededor del 19 de marzo. Ese día se realiza una misa en honor a San José. El resto de la semana se realiza eventos culturales, bailes, teatro y se escoge a la reina de las fiestas. El último día de las festividades se hacen comuniones, confirmaciones y bautizos.

IPC-100 Patronal-cultural 19 de marzo
El Vínculo El Vínculo Falcón
Fiesta patronal
Estas fiestas se celebran posiblemente, desde el año 1906.

IPC-96   Religiosa popular   19 de marzo
Corralito   San Félix   Mauroa
Festividades en honor a San José
Según la fuente, vivía en esta población Cantalicia Oliveros. En una ocasión en que salió a buscar leña encontró una pequeña tabla de madera en la que observó la imagen de San José.   Se hizo devota del santo y decidió celebrarlo cada 19 de marzo. Esta festividad comenzó a hacerse popular en la comunidad y también el los caseríos cercanos. En 1968 los devotos adquieren en Caracas una imagen del santo en torno a la cual organizan actos religiosos, bailes, competencias deportivas y actos culturales.

**CELEBRACIÓN EN HONOR A
SAN ANTONIO
FUENTE   FIESTA   FECHA
LUGAR   PARROQUIA   MUNICIPIO**

IPC-131-Millet   Religiosa-popular
13 de junio   La Vela de Coro   La Vela de Coro   Colina

Calle Bolívar con Miranda

Nota del autor-editor José Millet:

La fe a San Antonio de Padua o de Lisboa, como indistintamente se le conoce en la tradición católica, está extendida por toda la geografía falconiana, aunque en algunos sitios se adopta el santo como patrón, como en poblados de la Sierra de San Luis, donde he podido participar en esta celebración, que invariablemente comienza con la misa, es seguida por la procesión, el regreso de la imagen a la iglesia del lugar y luego la fiesta en la casa de la familia más devota o que ha conservado el culto al santo con más fuerza y ahínco. Es interesante el paso de la devoción del Doctor evangélico o "El Santo", como se le conoce canónicamente, a la de jefe del patronazgo invocado por el pueblo para buscar pareja a las jóvenes casaderas o mancebas con pretensiones de matrimonio. También su poder milagroso lo llevan a ser invocado para hacer el milagro de que los objetos extraviados aparezcan cuando se le solicita."

A principios del siglo XX llegó a una casa de la calle Bolívar una imagen de San Antonio, dando comienzo a una tradición que se ha mantenido ininterrumpidamente. La celebración consiste en sacar al santo en procesión cada 13 de junio y llevarlo a la iglesia de Nuestra Señora del Carmen donde se ofrece una misa. Al culminar la misma se reparten los panecitos de San Antonio, donados generalmente por quienes hacen las promesas. La imagen es devuelta en procesión hasta la casa de donde partió y allí se reparten dulces, panes y chocolates.

IPC-93 Religiosa-popular 13 al 15 de junio Mapararí Mapararí
Federación

Rosarios a San Antonio

La encargada de esta festividad es la señora Juana Maya quien recoge dinero por las casas de la comunidad. Los tres rosarios de San Antonio es una tradición de 250 años, según la fuente; y se celebra del 13 al 15 de junio.

IPC-95   Religiosa popular   13 de junio
   Tocópero
   Tocópero

Celebración en honor a San Antonio. Prolongación calle Los Robles

Esta celebración la organizan las familias: Rodríguez Ruiz, Rodríguez Fernández y Ruiz Molina. Al santo se le atribuyen facultades milagrosas especialmente en la curación de enfermedades y la aparición de bienes perdidos. La vecina comunidad de El Perú, ha solicitado permiso para adoptar a San Antonio de Papua como guía espíritul.

FESTIVAL DEL VOLANTÍN
FUENTE   FIESTA   FECHA
**   LUGAR   PARROQUIA   MUNICIPIO**

IPC-137-Millet   Popular   21 a 29
septiembre Taratara   La Vela de Coro
   Colina
Nota del autor-editor José Millet:

Importa precisar la fecha de aparición de esta fiesta de niños, de gran aceptación en todos los sitios de la región. Nace de la necesidad del ser humano de desafiar la ley de la gravedad al elevar objetos suspendidos en lo alto, al amparo de rachas y batir, a veces constante, a veces intermitente, del viento. Forma parte del ajuar con que se acompaña siempre la niñez, que disfruta este espectáculo para el que se requieren pocos recursos materiales, mucha imaginación y arte." Se celebra este festival entre el 21 y el 29 de septiembre, en el marco de las fiestas patronales en honor a San Miguel Arcángel y la asociación del mismo nombre organiza el evento con el apoyo de organismos públicos y privados. Se entregan premios a las diferentes categorías en la elaboración de volantines. Se realizan actos culturales, venta de comida, dominó u y otras actividades.

IPC-95   Popular   Semana Santa
            Puerto Cumarebo Puerto Cumarebo   Zamora
Feria del Volantín

Se realiza en época de Semana Santa en el estadio de Cumarebo. Se hacen concursos del volantín más grande, con mejor mensaje, con más identidad, el que se eleve más alto, más piruetas en el aire y otros.

IPC-96   Popular   S/F
        Cumarebo   Cumarebo   Zamora
**Festival   Regional   de   Volantines
Cumarebo. Sede Galería "Virginia Trompis, Calle
Municipal**

Festival promovido por la Asociación Venezolana de Artistas del Estado Falcón, instituyo que surgió con el objeto de rescatar y difundir, entre otros, este importante juego tradicional venezolano. Todos los años, la AVAF organiza el festival y dicta talleres. Las actividades se inician con un colorido desfile con volantines de todos los tamaños,

---

IPC-98   Popular   Semana Santa
        Puerto Cumarebo   Puerto Cumarebo   Zamora
Festival de volantines del Faro de Puerto Cumarebo. Calle Guzmán con Vista al Mar.
Esta festividad es una vieja tradición rescatada en 1996, por iniciativa de Sótera de Gustillos. Se celebra en época de Semana Santa en homenaje al antiguo faro que se encontraba en Puerto Cumarebo. Las actividades se inician con un desfile que pasea por las principales calles de la ciudad hasta el lugar donde se encontraba el faro. Una banda acompaña el desfile mientras cada comunidad va exhibiendo sus volantines. Se premia al volantín mejor diseñado, al que vuele más alto, el más grande, el más pequeño y al que mejor represente a los valores patrios.

IPC-90   Popular   Sábado de
GloriaMapararí   Mapararí
        Federación
Festival del Volantín "Alí Primera"

Este evento que reúne a los habitantes de Mapararí se realiza en Semana Santa cada Sábado de Gloria y se realiza en homenaje al cantautor falconiano Alí Primera.

| **IPC-202** | Popular | Cercana a la |
| Semana Santa. Santa Ana | Carirubana | Carirubana |

Festival de Volantines

Se celebró casi consecutivamente desde 1979 hasta 1999, iniciándose como actividad en el marco del Año Internacional del Niño en 1974 bajo el lema: "para que los niños sean felices". Como consecuencia de estas actividades se editó un libro titulado: Tiempo de papagayos, tiempo de volantines" El festival se organizaba con talleres de cómo se hacían los volantines y los instruidos se enviaban luego a las escuelas. Se promocionaba a través de la Prensa y afiches a la vez que se nombraba un padrino que diera a conocer la actividad. Desde hace tres años (2003) se ha retomado esta actividad que sigue siendo una importante referencia de Paraguaná.

"BEBER LOS MIAOS"

| FUENTE | FIESTA | FECHA |
| LUGAR | PARROQUIA | MUNICIPIO |

IPC-95-Millet	Popular	
Siempre	Todo el estado	
Falcón		

Nota del editor: "Como dijimos en el Prólogo, el hombre festeja los dos extremos opuestos de la vida: el nacimiento y la muerte. Y tenemos la dicha de que nuestros pueblos lo hagan en el cálido refugio de la paz del hogar, bebiendo algo en saludo y bienvenida de un nuevo miembro de la familia; de ahí la costumbre conocida por beber los miaos, es decir, el orine de esa criatura tanto tiempo alojada en el vientre de la madre y ahora aparecida a la luz de estos trópicos, no precisamente tristes, que somos los pueblos del Sur." Se llama así a la costumbre de brindar a la salud del recién nacido. La familia se reúne a celebrar con comida, bebidas y música. Esta costumbre esta extendida por todo el estado y por todo el territorio nacional.

FIESTA PATRONAL EN HONOR A LA PURA Y LIMPIA CONCEPCIÓN

FUENTE	FIESTA	FECHA	
	LUGAR	PARROQUIA	MUNICIPIO
IPC-97	Religiosa-Patronal	Agosto	
	Santa Cruz	Pueblo Nuevo	Falcón

Esta tradición comenzó ocho años después de que se encontrara la imagen de la Virgen en 1950 en el hato Curaidebo, propiedad del Señor Eleno Zavala. La Virgen es sacada de la capilla y acompañada por los fieles en procesión, al mismo tiempo que los salveros entonan cánticos en su honor. Al llegar al templo de Pueblo Nuevo se celebra una misa con salves, décimas y otros cantos. A la muerte de Eleno Zavala la asociación de vecinos se encargó de la organización, ocupándose en la actualidad la Arquidiócesis de Punto Fijo.

IPC-97   Religiosa-Patronal   1   al   8   de Diciembre   Puerto Cumarebo   Puerto Cumarebo
        Zamora
                Fiestas Patronales de la Inmaculada Concepción.
Estas fiestas se realizan del primero al ocho de diciembre. Se celebran misas por sectores. Se saca la imagen en procesión acompañada de bandas musicales de instituciones educativas. En este lapso se realizan bautizos, primeras comuniones y confirmaciones. Participa la Coral Simón Bolívar.

FIESTAS PATRONALES EN HONOR ALA VIRGEN DE LA COROMOTO

**FUENTE   FIESTA   FECHA
        LUGAR   PARROQUIA   MUNICIPIO**

IPC-102   Religiosa   18 y 19 de abril Miraca   Baraived   Falcón

        Sector El Estadio, Familia Martínez.
La imagen de la Virgen de La Coromoto, Patrona de Miraca; está en la casa de la familia Martínez desde 1943. Sus primeras fiestas se celebraron en la iglesia de Baraived ya que en Miraca no existía capilla. Esta tradición se mantiene vigente en la comunidad de Miraca que los 18 y 19 de abril celebra las fiestas patronales en honor a la virgen.

IPC-95   Religiosa   11   de septiembre Mapararí   Mapararí
        Federación
                Fiesta en honor a la Virgen de Coromoto

Se rinde culto a la Virgen de Coromoto, Patrona de Mapararí, cada 11 de septiembre. Los habitantes de la comunidad se reúnen para rezar una novena, participar en la Eucaristía y llevar a la Virgen en procesión.

LAS FIESTAS DE SAN PEDRO
FUENTE   FIESTA   FECHA
    LUGAR   PARROQUIA   MUNICIPIO

IPC-102-Millet   Religiosa   29 de junio   San Pedro   Adícora   Falcón

Esta fiesta religiosa se celebra desde hace 83 años en el caserío San Pedro de Adícora siendo sus primeros organizadores Otoniel Antequera y luego Chona Navega y Osman Rojas. El 29 de junio los feligreses sacan a la imagen en procesión. Los nueve días anteriores al 29 visitan las casas de la comunidad y rezan el novenario en familia.

Nota del editor: "Esta celebración le fue impuesta por el conquistador europeo, a comunidades étnicas nativas existentes en nuestra región, como la de la comunidad de San Pedro, en la parroquia Mapararí, cuya visión del mundo, filosofías y espiritualidad remiten a culturas ajenas absolutamente a la cultura judeo-cristiana o católica de la Europa Occidental. Para esa fecha tienen lugar allí, como es propio de estos grupos humanos, celebraciones a las fuentes de agua, a la tierra y a los árboles, de que se envuelve la celebración de la cosecha o el agradecimiento o petición a las fuerzas trascendentes que las han propiciado o pueden otorgar riquezas con que sustentar la existencia y la vida."

FIESTAS PATRONALES EN HONOR A SAN PABLO
FUENTE FIESTA FECHA LUGAR PARROQUIA MUNICIPIO

Nuevo Día Religiosa-popular 02 de junio
Adícora Adícora Falcón
Página 11
02-06-2007
Fiestas Patronales que engloban actividades culturales, religiosas y recreativas; teniendo como objeto el rescate de las manifestaciones culturales del pueblo. Se inician las actividades con la elección de la Reina. En la siguiente semana se realizan los eventos religiosos con el recorrido con la imagen del santo

---

ÚLTIMA NOCHE NOVENARI0 Y CABO DE AÑOS

FUENTE FIESTA FECHA LUGAR PARROQUIA MUNICIPIO

IPC-106-Millet Religiosa-popular Últimas noches Paraguaná
Falcón

En Paraguaná cuando muere una persona se le hace un novenario. Esto es un rezo durante los nueve días posteriores al entierro. Se levanta un altar con la foto del difunto, flores, imágenes de santos, una cruz, un velón, un vaso con agua y la imagen de la Virgen. Generalmente se hacen en la casa donde vivió el difunto. En la última noche se rezan tres rosarios diferentes y se brinda comida a los asistentes. Nota del editor:"Esta celebración religiosa posee una serie de matices que deberá ser objeto de descripción y comentarios en otras publicaciones de nuestro Atlas Etnográfico. Las celebraciones mortuorias a las que hemos asistido aquí en Coro, han resultado distintas a las de la sierra coriana, como las que tienen lugar en La Negrita, Santa María y especialmente en la comunidad de afrodescendientes Macuquita, descritas en diagramas que esperan la ocasión para formar parte de un volumen en que sinteticemos todo lo investigado para el Atlas."

IPC-218-Millet　　　　　Religiosa-popular　　　　　Último novenario　**Todo el Estado Falcón**.
Carirubana

Novenario

Un novenario es el rezo del rosario que se realiza durante las nueve noches siguientes al entierro de una persona. Se levanta un altar con la fotografía del difunto, flores, imágenes de santos, una cruz, un velón, un vaso con agua y la imagen de la Virgen. Los novenarios suelen hacerse en la casa en la que vivió el fallecido. La Última noche suele durar hasta altas horas de la noche e incluye el rezo de tres rosarios consecutivos, así como comida para todos los asistentes. Nota del editor: "En Coro apreciamos características distintas a las antes apuntadas por el catálogo del IPC."

IPC-97   Religiosa   A la muerte
Todo el municipio
Federación
Novena de difuntos
La Novena de difuntos consta de dos partes. La primera es llamada **La Casita** y está integrada por 50 avemarías. **Los Ofrecimiento**s: 10 Avemarías. **Los Lamentos**: 15 Avemarías. La segunda parte consta de varias oraciones dedicadas al tema de la muerte, a saber: **Los Misterios Dolorosos**; **Las Letanías**, que se rezan en latín; 5 padresnuestros, 5 avemarías, 3 credos, la oración al Ángel de la Guarda y otras oraciones en las que se expresa la pasión y muerte de Jesucristo.

IPC-214   Religiosa   02   de
noviembre   Carirubana y Los Taques
Novena de difuntos
Esta tradición se ha mantenido a través de varias generaciones y tiene por objeto despedir a las ánimas de este mundo. La Novena consta de dos partes. La primera es llamada "La Casa" y consta de 50 avemarías, los "ofrecimientos" que constan de 10 avemarías y los "lamentos que se componen de 15 avemarías. La segunda parte se compone de otro grupo de oraciones llamadas "los misterios dolorosos", las letanías que en algunas comunidades se rezan en latín; 5 padrenuestros, 5 avemarías, 3 credos, la oración al Ángel de la Guarda y otras oraciones donde se expresa la pasión y muerte de de Jesús. Esta Novena se realiza el 2 de noviembre, día de los Fieles Difuntos; cuando alguien muere o para conmemorar un año de la muerte de alguna persona.

IPC-99   Popular-religiosa   Al año de la muerte   Todo   el

Municipio Mauroa

Cabo de Año

Enmarcada en madera se coloca una foto de la persona fallecida con una breve descripción de quien fue, que hizo en vida, su fecha de nacimiento y de muerte y se coloca en algún sitio especial de la casa. La costumbre consiste en elaborar estos objetos al cabo de un año del fallecimiento.

Yanelys García	Popular-Religiosa	Al año de la
La Cruz de	Sucre	Sucre
INCUDEF	**Cabo de Año**	muerte
Taratara		

 Cabo de Año es una ceremonia que se lleva a cabo en algunas comunidades del Estado Falcón. En la misma se recuerda al ser querido al año aproximado de su defunción. A continuación, transcribimos casi textualmente, la crónica de una de estas ceremonias, relatada por Yanelys García, empleada de INCUDEF.

"Levanté un altar sobre una mesa y en él colocamos las imágenes de la Virgen del Carmen, el Corazón de Jesús y la Rosa Mística; un Cristo, flores, incienso, agua bendita, la foto del difunto Ángel Vicente Lugo, dos velas blancas encendidas y un velón blanco debajo de la mesa también encendido. Arturo Chirinos, el rezandero, dijo: "Recemos un padrenuestro, un avemaría, las ánimas del purgatorio y un canto del avemaría" Así lo hicimos. Tomábamos cocuy pecayero, cheminiao, cacique, chuchuguaza con cocuy de penca y muchas personas dialogamos de tiempos atrás y otras cosas. Hicimos una misa en la plaza. Luego, el primer rezo fue a las ocho de la noche, el segundo a las diez y el tercer rezo fue a las 12. Durante los rezos, comimos sopa de chivo, suero de cabra, chivo asado, queso, café, toddy. También nos dieron tabaco y cigarros. Cuando tumbamos el altar quitamos las flores, los santos, las fotos, las cortinas, la mesa, las velitas que iban sobre los candelabros y las sillas. De ahí nos fuimos al cementerio a llevarle las flores al difunto y se las echamos sobre la tumba junto con cocuy de penca y además le encendimos 4 velas. Nos fuimos entonces al sitio donde se suicidó, le rezamos un padrenuestro y un avemaría, le prendimos 3 velitas y le echamos cocuy. Es todo. Yanelys García". (Familia Lugo. Difunto: Ángel Vicente Lugo. Rezandero: Arturo Chirinos).

ROSARIO CANTADO

FUENTE	**FIESTA**		**FECHA**
	LUGAR	**PARROQUIA**	**MUNICIPIO**
IPC-106	Religiosa		sin fecha
	Todo el Municipio Falcón		
	Falcón		

Esta tradición religiosa de los pueblos paraguaneros se realiza en los novenarios o como pago de promesas. Se rezan 8 rosarios de los que el primero y el último son cantados. Luego de persignarse se entona la primera casita así: "Por la señal de la Cruz de Dios y su divina estampa, el que por la Cruz principia, buen principio va a alcanzar". A continuación el rezador entona la segunda "casita", ya sea salve, ya sea décima. Se cantan aún Rosarios en familia en los pueblos de Baraived y Moruy.

IPC-99 Religiosa Sin fecha
Todo el Municipio Federación
Federación

Rosario cantado

El Rosario cantado es una actividad religiosa ampliamente difundida en todo el Municipio Federación y a través de él se manifiesta la fe a los santos. Se lleva acabo en cualquier ceremonia o fiesta religiosa patronal. Ante el altar del templo o capilla se canta una salve, un avemaría y los cinco misterios. Se inicia una procesión cantando 7 avemarías hasta llegar a la estación El Calvario del Vía Crucis donde se interpretan otras siete avemarías, una gloria y la salve mayor. Se inician las letanías que constan de 59 frases en latín para retornar al altar. Una vez allí se entona 3 veces María Mater Gratia y se cantan los elogios al santo para cerrar con otra salve.

IPC-96 Religiosa-Popular 02 de enero
Los Gayones El Paují
Federación

Rosario cantado a la Virgen de la Piedra.

El rosario cantado a la Virgen de la Piedra se celebra cada 2 de enero. La comunidad se reúne con los salveros e interpretan salves y cantan el rosario. Al finalizar el acto se sirve sopa de chivo y jugo además de un poco de licor, generalmente cocuy, a los salveros

---

LA PARADURA DEL NIÑO
FUENTE   FIESTA   FECHA
**   LUGAR   PARROQUIA   MUNICIPIO**

IPC-106   Popular-religiosa   Ocasional
        Pueblo Nuevo   Pueblo Nuevo   Falcón
                                          Entre el 24 de diciembre y el 02 de enero
Nota del editor: A propósito de este tema, transcribo lo escrito en nuestro libro **La Guinea, barrio afrocaribeño de Coro** publicado por INCUDEF en 2007:
Esta fiesta conmemora el episodio bíblico en el que la Virgen María y el Niño Jesús huyen del Rey Herodes y buscan posada para refugiarse. En esta tradición se pasea al Niño Jesús por todo el pueblo haciendo parada en las casas (por eso se llama "paradura"). Participan los feligreses, invitados y padrinos. Estos llevan una cesta, un pañuelo con la figura del Niño y unas velas grandes.

IPC-94   Popular-religiosa   Ocasional
        Puerto Cumarebo Puerto Cumarebo   Zamora
                    Paradura del Niño
            Calle Miramar Urbanización Altavista

Entre el 24 de diciembre y el 02 de enero

Esta celebración se inició específicamente el 2 de febrero de 1978 a partir de una promesa. El Niño es bajado y entregado a sus 4 padrinos quienes lo adornan y luego pasean por el pueblo y sus alrededores. La imagen se acompaña de dos niños vestidos de pastores junto a los devotos que acuden con antorcha a agradecerle y a pagar sus promesas. Los niños son obsequiados con cotillones. Los adultos brindan con chocolate y vino, hacen peticiones y rezan hasta el amanecer. La fiesta es amenizada con grupos musicales.

IPC-215   Popular-religiosa   Ocasional   Carirubana y Los Taques   Carirubana   y   Los   Taques

Paradura del Niño   Entre el 24 de diciembre y el 02 de enero

En esta celebración se conmemora la escena bíblica en la que la Virgen María, San José y el Niño Jesús huyen del Rey Herodes. Durante la recreación del episodio se pasea al Niño por la comunidad y se detiene casa por casa preguntando por el Niño. Los fieles participan junto a los invitados y los padrinos. Estos últimos llevan una cesta, un pañuelo con la figura del Niño y unas velas grandes.

IPC-96   Popular-Religiosa   26-30-diciembre   Casigua   Casigua   Mauroa   **Visita del Niño a los hogares**

Esta tradición data de hace 100 años aproximadamente. Consiste en la celebración de la visita del Niño Jesús a los hogares del poblado, que comienza el día 26 y termina el 30 de diciembre. Cada hogar recibe con cánticos la figura que es llevada a recorrer las calles y que los pobladores también emplean en pagar las promesas por los favores recibidos.

LA BENDICIÓN DEL MAR

| FUENTE FIESTA | FECHA |
| LUGAR | PARROQUIA | MUNICIPIO |

IPC-107-Millet Popular-religiosa 11 de febrero Adícora Adícora Falcón

Fiesta tradicional celebrada todos los 11 de febrero en honor a la patrona de Adícora, Nuestra Señora de Lourdes. Los feligreses agradecen los favores concedidos, los productos que el mar les provee y la protección brindada a los "lobos de mar", como son conocidos popularmente los pescadores. Los pescadores adornan sus lanchas con materiales de diversos colores. Con sus lanchas ya engalanadas, se dirigen al muelle desde donde hacen un recorrido por la bahía con la imagen y los feligreses que les es posible embarcar. **Nota del editor**: "Como manda el señor, al final de la celebración religiosa los asistentes a la peregrinación comparten en diferentes espacios públicos y abiertos del poblado, especialmente alrededor del Paseo, a orillas del mar, donde la jornada se prolonga hasta la madrugada, a golpes de cerveza y otros tipos de alcoholes, música grabada y animada cháchara. Mucha gente comparte en familia o en posadas y los hay que se animan para darse un chapuzón en el mar. No faltan los pasapalos y las comidas criollas ingeridas a altas horas de la noche."

FIESTA PATRONALES EN HONOR A SAN ISIDRO LABRADOR

| FUENTE FIESTA | FECHA |
| LUGAR | PARROQUIA | MUNICIPIO |

IPC-108-Millet Religiosa-popular   Mayo
     Moruy   Moruy
     Falcón

Nota del autor-editor José Millet:

San Isidro es símbolo de nuestras sociedades agrarias, transformadas violentamente—y en poco tiempo-- por el capitalismo en su opuesto: en sociedades con desmedida concentración de la población en sus costas y en centros urbanos, fabriles e industriales, que basan su bienestar en el comercio de mercancías importadas de antiguos centros metropolitanos o en los actuales centros hegemónicos de la sociedad globalizada y unipolar. Por eso es que la fe y la devoción a San Isidro ha ido cada más en retroceso y con la irrupción de los grandes latifundios prácticamente ha desaparecido la tradición que lo llevaba de caserío en caserío y de parroquia en parroquia, por los grandes espacios campestres para que se supiera la importancia que tenía el objeto encima del cual descansa su poder: Pachamama, es decir, la Madre Tierra. Con los cambios climáticos y la casi desaparición de las fuentes de agua, la Madre tierra sufre y con ella los sembradíos y los productos que ella produce, con el consiguiente sufrimiento del pueblo, en su mayoría pobre. Aun así, todavía hay asentamientos rurales donde es posible observar elementos residuales de una vieja costumbre en proceso de extinción, como la asociada a esta entidad de tanta importancia para nosotros, la gente del Sur. Así, la hemos podido observar en varios localidades del Estado Falcón, entre quienes me honra destacar el caserío de Dos Quebradas, de Churuguara."

San Isidro es el santo de los agricultores y de los salveros. Cada mes de mayo son celebradas en diferentes comunidades del Estado Falcón las festividades en su honor que consisten en ceremonias religiosas, novenas, cantos, actos culturales y actividades deportivas. La devoción a San Isidro Labrador ha existido desde hace mucho tiempo y sus fieles manifiestan su fe mediante cantos y regalos para que este les conceda la lluvia para beneficio de las cosechas. A mediados del siglo XX, la imagen del santo era llevada a los conucos de la zona.

IPC-92 Religiosa-popular 15 de mayo
La Cuchilla Zazárida Zamora
Devoción a San Isidro Labrador.
Celebración en honor a San Isidro Labrador, santo protector de los agricultores, los ganaderos, la siembra y los animales. Se realiza a menudo pero su día especial es el 15 de mayo. Se encomienda a este santo, sobre todo en tiempo de sequía, los cultivos y las crías. Se cantan salves a la virgen y al santo. Se matan toros y se hacen comidas para compartir y agradecer al santo por los favores recibidos. Este santo tiene su capilla en el potrero del señor Ángel Salcedo.

IPC-93-Millet Religiosa-popular Sin
fecha Las Dos Quebradas Churuguara
Federación
Rosario a San Isidro Labrador

Nota del autor-editor José Millet:

Los queridos amigos integrantes de la agrupación "Salveros de Dos Quebradas" me ofrecieron el testimonio más vívido de cuantos he recibido referidos a celebraciones rurales. San isidro es para su comunidad el verdadero San Pedro que tiene las llaves en sus manos para garantizarles la lluvia, indispensable para que la semilla fructifique y la tierra dé la ansiada cosecha. Son muy devotos de San isidro Labrador, lo tienen en imágenes en sus casas y durante el año le rinden honor con diversos tipos de ofrendas y, durante su celebración, se desplazan por los caseríos entonando canciones y haciendo paradas en casas de vecinos, donde tañen sus instrumentos e interpretan canciones apropiadas a la fecha en que tenga lugar la invocación, entre las que se distinguen las pautadas en los ciclos productivos: de preparación de terrenos, siembra y cosecha. Entre las familias de viejos conuqueros se ha conservado la tradición de cargar en andas la imagen del santo hacia los sitios de siembra."
Se celebra esta tradición desde hace más de 150 años, con el fin de rogar a San Isidro Labrador por una óptima cosecha. Durante la jornada se reparte a los asistentes chocolate, refrescos y pan dulce. A los rezanderos se les obsequia cocuy. La festividad termina con una fiesta popular amenizada por un conjunto de violines.

IPC-98   Religiosa-popular   Sin fecha
   La Fortaleza   Mene de Mauroa   Mauroa
Rogativas a San Isidro Labrador
Las rogativas consisten en sacar a San Isidro Labrador a los potreros para cantarle salves y pedirle lluvias para las cosechas. Los campesinos se reúnen en potreros que se convierten en escenario de baile, beben y reparten comidas. Estas rogativas se llevan a efecto desde hace más de 100 años, en la casa de Ángela Rodríguez.

LA QUEMA DE JUDAS

FUENTE	FIESTA		FECHA
	LUGAR	PARROQUIA	MUNICIPIO
IPC-90-Millet	Popular		
	Domingo de	Puerto Cumarebo	Puerto
Cumarebo	Zamora		
			Resurrección.

Nota del autor-editor José Millet:

La quema en la hoguera pública de algún objeto tiene un fondo común en la humanidad: persigue apartarse del mal incinerando en las llamas su representación física, sea en forma humana o no. Se trata de un acto de purificación colectiva en que los malos espíritus son exorcizados para dar paso a estado de reposo espiritual y corrientes de bienestar físico y moral. Hay pueblos, como el gallego, que lo hacen en el mes de junio mediante el salto de hogueras denominadas *cacharelas* sobre cuyas llamas saltan repetidas veces los peregrinos para luego entregarse a cantos y bailes colectivos, hasta terminar en verdaderas fiestas que nos recuerdan las orgías o fiestas básicas. Y juro que no estoy hablando de hace mucho tiempo, sino de fiestas que se realizan actualmente y en las que he participado hace unos pocos años. En el caribe hay muchos eventos de esta naturaleza en los que hay gente que danza sobre tizones encendidos, otros se meten entre las llamas o comen la candela; hay otros países que estos actos de exorcismo colectivo lo realizan frente al mar, como el carnaval de la isla francesa Martinica. Al famoso de Cuba, el Festival del Caribe, sus fundadores lo bautizamos con la expresión *Fiesta del Fuego* la cual creíamos original nuestra pero luego supimos que la llevan fiestas similares en otros sitios del planeta."

Tiene su origen en la traición de Judas Iscariote a Jesús. El pueblo todos los Domingos de Resurrección quema a un muñeco que simboliza a Judas. Se ha convertido esta festividad en la que el pueblo hace salir sus críticas a la situación, enfocándolo generalmente hacia el acontecer político. Antes de la quema se realizan caravanas, bailes y fiestas. La quema de Judas comienza con la elaboración de un muñeco de trapo disfrazándolo de Judas o de algún personaje famoso para el momento. Los organizadores recogen dinero a través de colectas. El Judas es quemado en el centro del pueblo o de la comunidad mientras es leído un testamento en rima que bromea acerca de los vecinos. Según la tradición, quien elabore un Judas debe seguir haciéndolo por siete o 14 años, so pena de que le caiga pava o mala suerte.

IPC-215   Popular   Domingo de
     Carirubana y Los Taques
                    Quema de Judas   Resurrección
En estos municipios se arma un muñeco relleno con paja y cohetes pequeños. Luego se le pasea por la comunidad recitando el testamento (texto irónico y sarcástico en el que Judas va dejando sus posesiones a diferentes personas del acontecer nacional o regional. Luego lo cuelgan de un árbol o estaca elevada y le prenden fuego. El Judas se quema en horas de la tarde cuando empieza a oscurecer para que resulte más vistoso el brillo de las llamas y explosiones.

IPC-94   Popular   Domingo de
     Tocópero
     Tocópero
                    Quema de Judas   Resurrección

En Tocópero cada comunidad presenta su propio Judas en un certamen donde es escogido el que será incinerado. Generalmente los Judas son hechos con pantalones, camisas, sacos, zapatos y sombreros viejos; y se rellenan con fuegos artificiales para que estallen al momento de prenderle fuego. El Judas suele ser la representación burlesca de un político o personaje de la población. Al momento de la quema, se lee un testamento satírico del cual se sirve la comunidad para quejarse de aquello que considere negativo.

IPC-94　　　　　Popular　　　　　　　Domingo
　　　Todo el Municipio Mauroa
　　　　　　　Quema de Judas　　　　de
Resurrección
Como en el resto del país, en Mauroa se hace un muñeco de trapo que representa a Judas y al que se quema en la vía pública. Judas se rellena d paja y cohetes pequeños, paseándolo por el pueblo y en ocasiones se lee su testamento. Este suele ser un texto irónico y sarcástico en el que deja sus posesiones. Lo cuelgan de un árbol o poste y le prenden fuego.

IPC-106　　　　　Popular　　　　　　　Domingo
　　　Todo el Municipio Sucre
　　　　　　　Quema de Judas　　　　de
Resurrección,

Desde una semana antes del Domingo de Resurrección, habitantes del Municipio Sucre se dedican a elaborar un muñeco que se asemeje a Judas. En la víspera, pasean al Judas por las calles y piden colaboración para los gastos que acarreó su elaboración y para comprar cocuy y cohetes. Al ser incinerado el Judas se lee un testamento satírico en el que se cuestiona el comportamiento de algunos de los habitantes de la comunidad.

IPC-90 Popular Domingo de
Puerto Cumarebo Puerto Cumarebo Zamora
Elección popular Resurrección

Cada año se organiza un evento en el que participan la mayoría de las parroquias del Municipio Zamora. Cada parroquia presenta su Judas y su Testamento ante un jurado calificador en la Plaza Bolívar de Cumarebo, un día antes de la quema. Se entregan premios al mejor Judas, mejor testamento y mejor rima en prosa y verso.

PROCESIÓN DEL NAZARENO
FUENTE   FIESTA   FECHA
LUGAR   PARROQUIA   MUNICIPIO

IPC-91 Religiosa Viernes Santo
La Soledad La Soledad Zamora

Esta manifestación conmemora el episodio bíblico en el que Cristo es llevado hasta donde sería crucificado. Parte desde la gruta mariana hasta la iglesia del Corazón de Jesús en Pueblo Cumarebo en un recorrido de casi cuatro (4) Km.

FIESTA TRADICIONAL DE LA CUCHILLA

FUENTE FIESTA   FECHA
        LUGAR   PARROQUIA   MUNICIPIO

IPC-91   Popular-Religiosa   Octubre
        La Cuchilla   Zazárida   Zamora
Fiesta de gran importancia para la comunidad de La
Cuchilla. En ella se exponen los mejores productos de las
cosechas de la zona, además de algunas manifestaciones
culturales de la región. Dura 2 días consecutivos y
comienza con una misa de acción de gracias ante la figura
de la Virgen del Carmen. Comenzó a celebrarse en octubre
del 2001.

FIESTA DE CRISTO
FUENTE   FIESTA   FECHA
        LUGAR   PARROQUIA   MUNICIPIO

IPC-95   Religiosa-Popular   6 de agosto
        El Soropo   Pueblo Cumarebo   Zamora
La fiesta del Santo Cristo se ha venido realizando de
generación en generación cada 6 de agosto. Ese día se
realizan procesiones, bailes, juegos y retretas por las calles
del pueblo. Igualmente se realizan bautizos, comuniones,
confirmaciones y encuentros de familias.

CARNAVAL
FUENTE   FIESTA   FECHA
        LUGAR   PARROQUIA   MUNICIPIO
IPC-99-Millet   Popular
        Carnaval   El Cerro   Puerto
Cumarebo   Zamora
**Carnaval del barro y coronación de la Reina de la
Tercera Edad**

Nota del autor-editor José Millet:

Carnaval es palabra derivada del latín *carnelevare*, cuya traducción aproximada es abstenerse de o dejar la carne y es la fiesta por antonomasia del Occidente cristiano desde tiempos medievales, que arranca de las licencias concedidas días antes de la Cuaresma, tiempo litúrgico en que se preparaba con gran rigor corpóreo la Pascua de resurrección, con ayunos y abstinencias de consumo de carne. Devino en celebración popular opuesta a las represiones a que obligan las normas religiosas y, en consecuencia, en espacio en que la gente se enmascaraba, desfilaba por las calles y se entregaba al baile y a la distracción. Tiene claras reminiscencias de las fiestas báquica y de las saturnales, brevemente comentadas en mi Prólogo a la presente edición de este Cuaderno de Avances. Ese sesgo absolutamente humano y ciudadano es el que ha prevalecido, gracias al Señor, en la mayoría de los pueblos que habitan la región caribeña, como puede apreciarse en las fiestas de Trinidad Tobago, de Loiza aldea, de Puerto Rico, del dominicano Santiago de los Caballeros y de mi patria chiquita: Santiago de Cuba, sobre cuyas *fiestas de mamarrachos* hemos escrito varios artículos, ensayos y libros. En Puerto Cumarebo, del Municipio Zamora encontramos una de las fiestas que resulta una rareza en el catálogo de este tipo de fiesta: el carnaval del barro. En ella, la gente se introduce en pozos de barro con el cual se bañan, para luego someterse al escrutinio de los vecinos que eligen el rey y la reina de esta celebración, en claro remedo de lo ocurrido con el rey Momo, en remotos tiempos que ya cada vez más, peligrosamente, están siendo olvidados por los más viejos. Y por supuesto, la celebración culmina con bailes, ingestión colectiva de gastronomías y alegría. Un verdadero compartir comunitario que ha sido mantenido, desde hace 9 años, por un grupito de entusiastas

animadores culturales liderados por el inquieto Wilfredo Arias, desde su Fundación cultural Nueva gente, con sede en el barrio citadino cumarebero El Cerro."
En el sector El Cerro de Puerto Cumarebo se realiza la coronación de la Reina de la Tercera Edad. Luego de la elección, la Reina es paseada en caravana en compañía de su príncipe para luego ser llevada a un pozo de lodo. La elección se acompaña cada año de actividades culturales y musicales.

Nuevo Día   Popular   Carnaval
          Los Taques   Los Taques   Los Taques
Página 3   **Caravana del Carnaval en Los Taques**
22-01-2007

El Carnaval Turístico de los Taques comienza con un colorido desfile de vehículos apoyado por diferentes organismos de seguridad, gobierno municipal, disfraces, Reina, comité organizador y comunidad en general. Se premia la mejor carroza, la mejor comparsa. Se presentan grupos musicales y eventos playeros.

Nuevo Día   Popular   Carnaval
          Municipios Carirubana, Falcón y Los Taques
Página 8   **Carnavales Turísticos de Paraguaná**
17-01-2007

Actividad que se inicia con alegres desfiles donde participan niños y adultos; comparsas y disfraces en horas del día. Por la noche se realiza la fiesta con presentación de grupos musicales, artistas nacionales y extranjeros. A la semana, se realiza la tradicional octavita de carnaval donde se entregan los premios a disfraces y comparsas. La mayoría de las actividades se llevan a cabo en la ciudad de Punto Fijo.

Nuevo Día   Popular   Carnaval
Carirubana
Página 36   **Grito de Carnaval**
22-01-2007

Desfile de carrozas, disfraces y comparsas; presencia de las candidatas a Reina del Carnaval. El desfile de carrozas dura más de dos horas, dando colorido y ánimo a las principales calles del municipio.

Nuevo Día   Popular   Carnaval
              Todo el Municipio Colina
Página 4
01-02-2007

Las actividades comienzan con la presentación a la prensa de las candidatas al reinado del carnaval. Posteriormente se realiza el desfile de carrozas y comparsas con la participación de escuelas y colectividad en general. Al día siguiente se realiza la elección de la soberana del carnaval, amenizada la fiesta con grupos de música popular.

MISA DEL NIÑO

**FUENTE   FIESTA   FECHA
     LUGAR   PARROQUIA   MUNICIPIO**

IPC-101   Popular-Religiosa   28   de diciembre   La Cienaga   La Ciénaga
          Zamora

Cada 28 de diciembre desde hace 40 años aproximadamente, se lleva a cabo esta festividad que marca el reencuentro entre los cienaguenses. La actividad comienza a las 5 de la mañana con los niños compartiendo chocolate casero con galletas de avena y cocuy pecayero para los adultos. La fiesta continúa con regalos, juegos tradicionales y actos musicales culminando a las 5 de la tarde con una gran caravana recorriendo el pueblo. Esta tradición comenzó por iniciativa de la familia Rodríguez Caldera.

VIRGEN DEL VALLE
FUENTE   FIESTA   FECHA
          LUGAR   PARROQUIA   MUNICIPIO

IPC-102   Religiosa   Sin fecha
          Corozalito   Zazárida   Zamora
                    Devoción a la Virgen del Valle
El culto a la imagen de la Virgen del Valle que se encuentra en la Iglesia de Corozalito se originó con la traída desde la Isla de Margarita de una imagen por parte de la señora Marcelina Yarit. Eso ocurrió en una ocasión en que ella fue a esa isla a pagar una promesa

---

IPC-96   Religiosa   Septiembre 8
          Sabanas Altas   Píritu   Píritu
                    Procesión de lanchas en honor a la Virgen

Fiesta en honor a la santa patrona de los pescadores, la Virgen del Valle, que se empezó a celebrar el 8 de septiembre de 1998. Se inicia con una misa a la que asisten los pescadores, sus familias y demás habitantes católicos. Luego la comunidad comparte horas de regocijo y tranquilidad en nombre de la Virgen. Luego, se lleva a cabo la procesión en lancha de la imagen de la Virgen por las costas de Sabanas Altas.

Nuevo Día　　　　Popular-Religiosa　　　Septiembre 16　　Villa Marina　　　Los Taques　　　　　Los Taques

17-09-2007　　　　**Procesión por el mar con la Virgen del Valle**

Página 39

Fiesta tradicional con la que los habitantes del Municipio Los Taques homenajean a la Virgen del Valle. Antes del mediodía, parte la Virgen en una lancha adornada desde Villa Marina hasta El Pico. Los pescadores de las áreas cercanas (Amuay, Las Piedras, Punta Cardón) acompañan la procesión en numerosas embarcaciones. La tradición indica que se realiza una misa a tempranas horas de la mañana, continúa con la procesión o paseo en lancha para finalizar en la noche con la presentación de grupos musicales y artistas regionales en la Plaza Bolívar.

Nuevo Día　　　　Popular-Religiosa　　　1　al　16 septiembre　El Supí　　　　Adícora　　　Falcón

31-08-2007　　　　**Fiestas en honor a la Virgen del Valle**
Página 33

Durante los primeros 16 días de septiembre la comunidad de El Supí celebra sus fiestas patronales en honor a la Virgen del Valle. Las actividades comienzan con la elección y coronación de la Reina. Al día siguiente, sale la imagen de la Virgen a un paseo en caravana por las calles del pueblo y comenzando ese mismo día las tradicionales novenas. La víspera del día de la Virgen se disfruta de los juegos pirotécnicos. El día 16, paseo en lancha con los pobladores y pescadores y luego para finalizar, la misa.

FIESTA PATRONAL DEL DÍA DE CUMAREBO

FUENTE	FIESTA		FECHA
	LUGAR	PARROQUIA	MUNICIPIO
IPC-103	Patronales		17 de mayo
	Puerto Cumarebo	Puerto Cumarebo	Zamora
	Populares		

El 17 de mayo, inicio de las fiestas patronales de Cumarebo, coincide con la fecha de inauguración de la manga de coleo y con la fecha cuando el Cantón de Cumarebo pasó a llamarse Puerto Cumarebo. Comienzan las fiestas con desfile de las diferentes instituciones de la zona, de las candidatas a Reina, de los coleadores y otros grupos. Este desfile se lleva a cabo por las principales calles de Zamora, desde la Plaza Bolívar hasta el parque ferial donde se dan las actuaciones de grupos musicales y cantantes.

FESTIVIDAD DE LA CRUZ DE POZO LARGO

FUENTE	FIESTA		FECHA
	LUGAR	PARROQUIA	MUNICIPIO

IPC-90 Religiosa-Popular Sin fecha
  Pozo Largo Churuguara
  Federación

A las seis de la mañana se detonan fuegos artificiales que avisan a los pobladores de la celebración de la misa. Seguidamente se reza un rosario para de inmediato comenzar la procesión hasta El Calvario (lugar donde se encuentran 3 cruces y una piedra grande pintada de blanco. Luego de las actividades religiosas, se reparte sancocho, vino y cotillones para los más pequeños.

FIESTA PATRONAL EN HONOR A LA VIRGEN DE CHIQUINQUIRÁ
FUENTE   FIESTA   FECHA
**   LUGAR   PARROQUIA   MUNICIPIO**

IPC-94 Religiosa Sin fecha
  Todo el Municipio
  Federación

Se rezan Rosarios en honor a la Virgen de Chiquinquirá. Luego se cantan salves, se quema un árbol con la imagen de la Virgen y se pagan promesas. Esta tradición comenzó en las primeras décadas del siglo XX.

IPC-107 Religiosa-popular 9 de octubre
  Los Valles Santa Cruz de Bucaral Unión
  Festividades en honor a la Virgen de Chiquinquirá

La antigüedad de esta festividad se remonta al año de 1926. Los preparativos comienzan en abril. El 9 de octubre se hace una misa y una procesión en honor a la Virgen. Seguidamente un baile popular que dura hasta el amanecer. Los habitantes de la comunidad de Los Valles sienten una gran devoción por la Virgen de Chiquinquirá.

IPC-107   Religiosa-Popular   Primeros días
     Arequito   Santa Cruz de Bucaral   Unión
                                                  Octubre

Fiestas patronales de Arequito en honor a la Virgen de Chiquinquirá.

Estas fiestas se llevan a cabo los primeros días de octubre desde hace más de 90 años. Se pagan promesas, se realizan bautizos, bailes populares, pelea de gallos y competencia de volantines. En la última misa, dos días después del comienzo de las fiestas, se efectúa la procesión donde la Virgen es llevada en hombros desde Arequito vía El Charal, hasta regresar entre cantos y oraciones a la iglesia de la comunidad.

VELORIO DE ANGELITO
FUENTE   FIESTA   FECHA
     LUGAR   PARROQUIA   MUNICIPIO

IPC-101   Religiosa-popular   A la muerte
de un   Todo el municipio Federación
                                                  Niño

Al morir un recién nacido se hace un ritual con el cuerpecito que es entregado a la mujer que hará las veces de madrina para prepararlo y vestirlo. El cuerpecito se prepara con una mezcla de cal y barro que al homogenizarse se introduce por el recto y se le coloca un tapón. Se viste con un traje de papel de seda al que se le elaboran las alas. Se le atan las manos en posición de bendición con una ramita de olivo entre las manos. Los ojos del angelito deben mantenerse abiertos con un palillo para que vean a los ángeles y encuentren el camino al cielo. El angelito es colocado en un rincón de la casa donde se efectúa el velorio. Ya para el entierro se entonan salves durante el recorrido. El ataúd es cargado por niños hasta el cementerio.

FESTIVIDADES NAVIDEÑAS

FUENTE	FIESTA	FECHA	LUGAR	PARROQUIA	MUNICIPIO
IPC-101	Popular-religiosa	Diciembre	Todo el municipio		Federación

Es costumbre en todo el municipio desde los primeros días de diciembre, que en cada comunidad se confeccione el pesebre y se organicen las ferias de pesebres donde concursarán tanto los hogares como las instituciones pública y privadas. En la primera semana de este mes se realiza el encuentro de coros infantiles para honrar al Divino Niño con cantos y parrandas, organizado por el Distrito Escolar Número 3. Se realiza la visita de la imagen del Niño Jesús a las instituciones culturales y educativas, organizada por el Museo "Don Temo y Doña Sara". La visita de la imagen del Niño Jesús desde la Parroquia Churuguara a otras parroquias del municipio la organiza la Asociación de Cantores de Salves y Décimas. En la comunidad de Suruy se realiza el 25 de diciembre el encuentro entre el Divino Niño de Churuguara y el Divino Niño de Suruy, acompañados de grupos de cantores de parrandas. Desde el 16 hasta el 25 de diciembre se acostumbra en las poblaciones del municipio tocar a las 4 de la mañana las campanas de los templos y capillas, para llamar a las tradicionales misas de aguinaldos.

Nuevo Día   Popular-Tradicional
   Diciembre   Municipios del occidente falconiano
Página 9   **Parrandas y Pascuas hasta el Amanecer**
19-12-2004.

La celebración de la navidad ha sufrido algunos cambios producidos por el transcurso del tiempo, así como la manera de pensar y actuar del falconiano. Después de las seis de la tarde, un grupo de músicos armados de cuatro, maracas, tambor y violín iban de casa en casa interpretando versos pascueros alusivos a la navidad y a los niños. A cambio de sus canciones, los músicos recibían su premio en dinero, así como también eran invitados a compartir el menú navideño: hallacas de carne de chivo salado, sancocho de gallina, bollitos y el tradicional dulce de lechosa. La gente salía a cantar con los músicos y por la madrugada asistía a la misas de aguinaldos que se celebraban aún del 16 al 24 de diciembre, culminando las mismas con la Misa de Gallo. En los poblados donde no existía la luz eléctrica, alumbraban los nacimientos con velitas o mechurritos de cera. Estas fiestas pueblerinas no tenían ningún lujo y se celebraban con gran entusiasmo que mantenía unidos a los vecinos.

Nuevo Día   Tradicional-Popular
    Diciembre   Todo el Estado Falcón
Página 11   **Culto a las Tradiciones en Navidad**
24-12-2005

La Navidad es un acto mágico que transforma los corazones…y en el Estado Falcón se celebra la Natividad del Señor…La navidad arranca con un repique sandunguero de origen negroide: El Repique del tambor, que indica la llegada de la navidad para los falconianos. En el eje de la sierra son comunes las novenas con cantos y salves al Niño, ecos sonoros con expresiones a la Virgen María. La Península de Paraguaná celebra con misas de aguinaldos como antesala a la parranda religiosa que culmina con la misa del Gallo el 24 de diciembre a la medianoche. En La Vela de Coro, Locos y Locainas hacen derroche de colorido, bailes y ruidos con sus tradicionales fantasías. En Mitare y en Coro se preparan con tambores y cantos para festejar a San Benito…La dulcería criolla en Tucacas también es expresión navideña, heredada de los hermanos holandeses Eehont. Como manifestación festiva y religiosa, las fiestas de Santa Bárbara en el Municipio Acosta y en algunos barrios de Coro También le dan la bienvenida a la Navidad…Las hallacas de chivo y de marrano complementan las fiestas. Todas las oportunidades que se presentan en la navidad son aprovechadas por los falconianos para "pasarla en familia", que es el mejor ingrediente para aderezar el gozo navideño.

Nuevo Día. Tradicional-Popular   16 al 24 de diciembre   Todo el Estado Falcón
Página 7   Religiosa.
19-12-2004   **Misas o Novenas de Aguinaldos**

Festividad que se realiza del 16 al 24 de diciembre…su propósito es venerar la venida al mundo del Niño Jesús. Procede del nombre cristiano "novena" y fue el Papa Sixto V quien otorgó el permiso para que fueran cantadas, en esos nueve días, en las primeras horas de la mañana. Este decreto también concede la indulgencia y remisión de los pecados a los fieles que confiesen y comulguen. Con las Nueve Misas, se recuerda la jornada de José, María y Jesús. Durante la celebración de estas fiestas, se comparte comiendo arepitas dulces y tomando chocolate caliente, según tradición de cada pueblo. También se puede ver a niños y jóvenes en patines y bicicletas, dentro del contexto de la alegría y la festividad.

La Mañana Popular   Noviembre y Diciembre
        Municipios Carirubana, Miranda, Zamora,
Página 10   Ciclo de La Gaita "Nosotros También" XVIII Edición.   Colina y Dabajuro
26-09-2007
El Ciclo de la Gaita "Nosotros También" poco a poco se ha ido transformando en un evento tradicional en la programación decembrina en el Estado Falcón. En el año 2007 arribó a su XVIII Edición. Este ciclo comenzó en Paraguaná de la mano del poeta Simón Petit y auspiciada por el Ateneo de Punto Fijo. Actualmente lo promociona el Instituto de Cultura del Estado Falcón y su objetivo fundamental es abrir espacios a las agrupaciones gaiteras falconianas y llevar este ritmo a los diferentes municipios del Estado Falcón.

FESTIVAL SANTA ANA DE PUEBLOS HOMÓNIMOS
FUENTE   FIESTA   FECHA
        LUGAR   PARROQUIA   MUNICIPIO

IPC-205 Popular Agosto
Santa Ana Carirubana Carirubana

Esta celebración agrupa a representantes de las poblaciones llamadas "Santa Ana" en toda Venezuela y se realiza desde 1983. Se inició en agosto de ese año con la intención de resaltar las actividades relacionadas con las manifestaciones culturales, costumbres, así como para estrechar lazos de amistad. La idea surgió en Santa Ana de Paraguaná y se realiza cada año en un pueblo homónimo diferente. En estos encuentros se intercambian experiencias, demostraciones de gastronomía, lúdicas, canto, décima, danza y otras.

FIESTA PATRONAL EN HONOR A SANTA ANA

**FUENTE FIESTA FECHA
LUGAR PARROQUIA MUNICIPIO**

IPC-212 Religiosa-Popular 25 y 26 de julio Santa Ana Carirubana Carirubana

El 25 de julio de cada año, en la víspera del día de Santa Ana se realiza una misa en su honor y se montan bailes en la plaza de la comunidad, amenizados por conjuntos musicales. El 26, se celebra una misa y se saca la imagen de la Virgen en procesión por las principales calles de la comunidad. Al regresar la imagen al templo se da inicio a las retretas, bailes, ventas de comida y bebidas. Empezaron a celebrarse estas fiestas por la década del 1920 cuando duraban 3 días. Desde 1970 aproximadamente se realizan solo el 25 y 26 de julio.

CANTO DE VELORIO
**FUENTE FIESTA FECHA LUGAR
PARROQUIA MUNICIPIO**

IPC-215   Religiosa   Siempre   Municipios
Carirubana y Los Taques
Actividad religiosa y musical en la que se entonan salves,
romances y estribillos en honor a Dios y a los santos.
Generalmente se canta a dúo. En algunos lugares se canta a
tres voces.

TOROS COLEADOS
**FUENTE   FIESTA   FECHA
LUGAR   PARROQUIA   MUNICIPIO**

IPC-209   Popular-Tradicional   sin fecha fija
Municipios Carirubana y Los Taques
El coleo consiste en que un jinete persigue a caballo a un
toro para sujetarlo por la cola y derribarlo. El coleador al
sujetar al toro se inclina a un lado de la silla y pasa veloz
con su cabalgadura y al tumbar al toro ocurre lo que se
llama la coleada. A excepción de las fiestas patronales,
solo se organizan una o dos tardes de coleo al año.

SEMANA SANTA
**FUENTE   FIESTA   FECHA
      LUGAR   PARROQUIA   MUNICIPIO**
IPC-219   Religiosa   Marzo   o   Abril
      Carirubana y Los Taques

Quizás la más importante de las manifestaciones religiosas tradicionales de todo el país. Dura una semana y se inicia el Domingo de Ramos para culminar el Domingo de Resurrección. Generalmente en cada parroquia de ambos municipios se llevan a cabo procesiones dedicándoles un día a distintas advocaciones referidas a la pasión, muerte y resurrección de Jesús. El Lunes Santo, la procesión con la imagen de Jesús en el huerto; el martes, Jesús en la columna acompañado a veces de San Juan, María Santísima o ambos; el miércoles Jesús de Nazareno y María Santísima; el jueves la procesión de Jesús crucificado; el viernes el Vía crucis y la procesión de Jesús en el Sepulcro así como la exposición del Santísimo Sacramento y la adoración de la Cruz; el sábado se celebra la misa de resurrección a las 12 de la noche y por último el domingo la solemne Eucaristía con los Sacramentos.

Nilda Arratia,   Religiosa   Marzo o abril
Todo el Municipio Jacura
Norma Vargas y Orlanis Zambrano,
"Haciendo Historia en Jacura"
Se acostumbraban las diversiones sanas, por ejemplo, entre los jóvenes y niños, la diversión consistía en volar papagayos, jugar trompos y metras. Las niñas y jovencitas se entretenían con la zaranda y el juego de los colores. La zaranda se hacía del fruto del taparo, se le anexaba una pata de madera y la bailaban con una paleta y cordel. La paleta se hacía de madera con un hueco en el centro para meter la pata de la zaranda, a la que previamente se le enrollaba un cordel, luego se tiraba de el y así se hacía bailar la zaranda.

El juego de los colores se hacía seleccionando granos de caraota de colores, los hombres jugaban bolón y algunos juegos de cartas. Se prohibía tomar bebidas alcohólicas, cortar con machete, tocar instrumentos musicales, bailar, bañarse en el río, pozos, etc., porque se tenía la creencia de que quien lo realizaba se convertía en pez. También se prohibía comer carnes rojas. Solo se consumía pescado y vegetales, no faltaba en la cocina los dulces de lechosa, de batata (malarzabia), los buñuelos hechos de yuca, manteca y queso endulzados con melao de papelón, jengibre y malojillo.

Sólo el sábado santo, después de las ocho de la mañana, cuando se repicaba Gloria, era cuando se permitía el sacrificio de animales, hacer fiestas y disparar al aire. Había la creencia de que ese día era el apropiado para "el destape", esto quiere decir que no se erraría un disparo, porque el errar era estar tapado.

FIESTA EN HONOR A SAN JUAN BAUTISTA
FUENTE   FIESTA   FECHA
**   LUGAR   PARROQUIA   MUNICIPIO**
IPC-97   Religiosa   23 y 24 de junio
        Todo el municipio   Federación

Esta celebración se inicia el día 23 de junio con un velorio o una misa y con la primera salida de la imagen de San Juan, vestido de rojo, de la casa donde permaneció todo un año. El 24 da paso a las danzas y cantos que rinden culto al santo, se pagan las promesas frente a su altar lleno de flores; se baña su figura en el agua para que la santifique (al agua). Finalmente los devotos se sumergen en la corriente bendita para purificarse

IPC-97   Religiosa-Popular   24 de junio
Calle Los Robles
Tocópero

Patronales. **Celebración en honor a San Juan Bautista.**

Cada 24 de junio en las fiestas patronales de Tocópero en honor a San Juan Bautista salen en procesión dos imágenes del santo: una encontrada en la sabana del Guayabal en 1850 por un vecino apellidado Lugo, por lo que se le conoce como "San Juancito Lugo y otra de mayor tamaño conocida como San Juan de los Leones y que fue mandada a fabricar por la familia León. Además de las religiosas, también se llevan a cabo actividades recreativas.

Nuevo Día   Religiosa   Finales de junio Boca de Aroa   Boca de Aroa   Silva
Página 25

San Juan Bautista, santo al cual se le rinde honores en Boca de Aroa y cuya imagen tiene más de 100 años. Este santo viene de Morón y acompañado de tambores, sangueos y parrandas realiza un recorrido por Tucacas, Sanare, Chichiriviche y Tocuyo de la Costa culminando en San Juan de los Cayos.

FIESTA PATRONAL EN HONOR A SAN RAFAEL ARCÁNGEL

FUENTE FIESTA FECHA   LUGAR PARROQUIA MUNICIPIO

IPC-100   Religiosas   24 de octubre
Chimpire   Píritu   Píritu

Por iniciativa de un grupo de habitantes del caserío Chimpire, se decidió celebrar las primeras fiestas patronales en honor a San Rafael Arcángel durante el mes de octubre. La primera misa se realizó el 24 de octubre de 1977 en el garaje de Melquíades Colina y la primera imagen fue donada por María de Lugo.

| IPC-106 | Religiosa-Popular | 24 de octubre |
| El Charal | El Charal | Unión |

Fiestas patronales

Se realizan estas manifestaciones religiosas desde el 24 de octubre de 1945. Al principio se celebraban las misas en casa de algún feligrés y luego se realizaban en la capilla de la comunidad. En estas fiestas, en honor a San Rafael Arcángel de 3 días de duración, los fieles disfrutan de misas y confirmaciones, además de actos culturales, fiestas populares, coleo y otras actividades.

MISA DE GALLO

| FUENTE | FIESTA | FECHA | LUGAR |
| PARROQUIA | MUNICIPIO | | |

| IPC-95 | Religiosa | Diciembre | Mene de |
| Mauroa | Mene de Mauroa | Mauroa | |

Celebración en la que los feligreses entonan villancicos, aguinaldos y gaitas para conmemorar el nacimiento del Niño Jesús. En Mene Mauroa se inició esta tradición en 1940, cuando por iniciativa de la sociedad "Culto Católico" y representantes de las compañías petroleras, se sufragaron los gastos de la primera misa de gallo. Se distribuye desayuno a los participantes y se reparten cestas de alimentos a las familias más necesitadas.

FESTIVIDAD EN HONOR A mLA VIRGEN DEL ROSARIO

FUENTE FIESTA FECHA LUGAR PARROQUIA MUNICIPIO

IPC-96 Religiosa 7 de octubre Casigua Casigua Mauroa

Sociedad protectora del culto a Nuestra Señora del Rosario

Festividades en honor a la Virgen del Rosario, patrona del pueblo, que se llevan cabo cada 7 de octubre. La sociedad protectora del culto se fundó en 1905 y su objetivo, además de organizar las festividades, es velar por el cuidado y mantenimiento de la iglesia y la casa cural.

FIESTA A SAN FRANCISCO DE ASÍS

FUENTE FIESTA FECHA LUGAR PARROQUIA MUNICIPIO

IPC-97 Religiosa-popular 4 de octubre La Ceiba Mene de Mauroa Mauroa

Desde hace 54 años aproximadamente, cada 4 de octubre se celebran las festividades en honor a San Francisco de Asís. Se inician con el "despertar ceibero" acompañado de fuegos artificiales, la misa, la procesión y por último los bailes populares en la pista de baile del caserío. Las festividades continúan con carreras de saco, huevo en la cuchara, palo encebado, carrera de bicicleta y concursos de baile. Para la comunidad estas fiestas representan una manifestación de agradecimiento por los favores recibidos por el santo.

Nuevo Día Religiosas-populares   4 de octubre Los
Riegos   Cabure   Petit
Página 4   Patronales
04-10-2007
En estas fiestas patronales se organizan diferentes
actividades como por ejemplo: música, gastronomía y la
presentación de artistas regionales y nacionales.

VELORIO DE SANTOS

FUENTE	FIESTA	FECHA
LUGAR	PARROQUIA	MUNICIPIO
IPC-99 municipio	Religiosa-Popular Mauroa	Víspera del Todo el Santo

Los velorios de santo se llevan a cabo todo el año, según la
costumbre de una persona o una comunidad. Por ejemplo,
si al santo que se le rinde culto es a San José, el velorio se
hace desde el 18 de marzo en la noche hasta el amanecer
del 19 de marzo, día del santo. En estas ceremonias se reza
el rosario, se cantan décimas a dos voces y se celebra con
bebida, música y sancocho.

FIESTA PATRONAL EN HONOR A SAN NICOLÁS DE BARI

FUENTE	FIESTA	FECHA
LUGAR	PARROQUIA	MUNICIPIO
IPC-107	Religiosa-Popular	6 de diciembre San
Félix San Félix	Mauroa	

San Nicolás de Bari es el santo patrono de la parroquia San Félix. El 6 de diciembre comienzan las fiestas con misa y procesión. Posteriormente se desarrollan actividades recreativas como el palo ensebado y carrera de sacos. También se hacen muestras de productos agrícolas y artesanales.

CELEBRACIÓN DE LA PALABRA

FUENTE	FIESTA	FECHA	LUGAR	PARROQUIA	MUNICIPIO
IPC-106	Religiosa	En su momento	Santa Cruz de Santa Cruz de Bucaral	Unión Bucaral	

La celebración de la palabra no se considera una misa, pues en ella no se lleva a cabo la consagración del vino y la hostia. Consiste en que un diácono en compañía de dos laicos comprometidos, o que hubiesen recibido la preparación debida, llevan a cabo el ritual de una misa con las excepciones ya descritas. En la celebración de la palabra se saluda, luego el acto de constricción, lectura de la palabra, peticiones, profesión de fe y despedida con la paz. A lo largo del ritual los fieles entonan cantos y rezan oraciones. Este ritual católico se lleva a cabo en Santa Cruz de Bucaral desde 1985 y su origen se debe al deseo de la comunidad de participar en los oficios religiosos cuando el sacerdote se ausente.

CELEBRACIÓN EN HONOR A SANTA ROSALÍA DE PALERMO

FUENTE	FIESTA	FECHA	LUGAR	PARROQUIA	MUNICIPIO

IPC-107   Religiosa   4 de septiembre   La Cruz de Sucre   Sucre

Taratara

Esta celebración comienza una semana antes del 4 de septiembre con una procesión, bautizos y comuniones. El día de Santa Rosalía se anuncia desde temprano con fuegos artificiales. Se oficia una misa donde los vecinos pagan promesa por los favores recibidos. Santa Rosalía es considerada abogada contra las pestes. Esta celebración a Santa Rosalía proviene de la población de Agua Larga y data de 1901. Esta tradición fue instaurada por Don Basilio Álvarez. Se le atribuye poderes sobrenaturales a la imagen de Santa Rosalía, por el incendio de la casa de Don Basilio que, según la fuente, se debió a una represalia por haber sacado la imagen de la iglesia sin permiso.

MISA Y PROCESIÓN EN HONOR A LA VIRGEN DE LA ASUNCIÓN

FUENTE	FIESTA	FECHA	LUGAR	PARROQUIA	MUNICIPIO
IPC-108	Religiosa	15 de agosto	El Torito	El Charal	Unión

Desde los años 40 y 50 del siglo XX, los vecinos del caserío El Torito celebran anualmente una misa en honor a la Virgen de la Asunción. En principio, los vecinos se reunían en una casa para llevar a cabo el rito misal y se cambió a la iglesia de la comunidad una vez esta fue construida. El día 14 de agosto la comunidad se dedica a confesarse y a rezos de rosario. Se convoca a los fieles a través del repique de campanas a la misa que se celebra cada 15 de agosto a las 10 de la mañana y al finalizar ésta se inicia la procesión en honor a la Virgen de la Asunción. La procesión comienza con cantos alusivos a la Virgen María y recorre las calles del pueblo mientras el sacerdote preside los rezos que se realizan durante todo el recorrido. Al regresar la procesión a la iglesia, se da por terminada la misma bajo los fuegos artificial.

CELEBRACIÓN EN HONO A LA VIRGEN DE LAS FLORES

FUENTE   FIESTA   FECHA   LUGAR   PARROQUIA   MUNICIPIO
IPC-109 Religiosa popular   31 de mayo   Macuare   Sucre   Sucre

Esta celebración religiosa viene efectuándose cada 31 de mayo desde 1933 en el caserío Macuare, Julianote y parte de la Cruz de Taratara. Los pobladores bailan hasta el amanecer dándole la bienvenida a la primavera y a la madre naturaleza, además de agradecer los favores recibidos de la Virgen. Los músicos de viento hacen gala de su habilidad en estas fiestas. Las mujeres tienen la costumbre de vestirse con ropa de colores de acuerdo a la flor de su preferencia o a la que representen.

FIESTA DE REYES MAGOS

Nuevo Día Religiosa-Popular 6 de enero   Coro
          Miranda
Página 7
06-01-2007
Esta celebración se realiza en las iglesias de la localidad cada 6 de enero. Se inicia con una procesión por los alrededores de la iglesia, presidida por 3 personajes vestidos a la usanza persa. En alguna oportunidad estos personajes se hicieron acompañar por dromedarios. Se entonan cánticos y al regresar a la iglesia se reparten juguetes a los niños.

FERIA AGROPECUARIA, ARTESANAL Y DEL QUESO DE LA SIERRA FALCONIANA

Nuevo Día Popular   29   de   agosto
          Churuguara Churuguara Federación
Página 12   Al 02 de septiembre
09-08-2007

Esta festividad engloba las actividades, ganaderas, agrícolas, artesanales, artísticas, gastronómicas y turísticas de la zona. Es organizada por el comité de ferias y la participación del gobierno regional y municipal, medios de comunicación, comerciantes y cuerpos de seguridad locales. La feria dura 5 días y su antesala es la elección de la reina amenizada por grupos de música bailable, artistas nacionales y regionales. Se da mucho énfasis a la promoción del queso, como uno de los productos representativos de la región. Esta feria se realiza desde hace casi 30 años.

FIESTA EN HONOR A LA VIRGEN DE LAS MERCEDES
FUENTE   FIESTA   FECHA
LUGAR   PARROQUIA   MUNICIPIO

Nuevo Día Religiosa-Popular 23 y 24 septiembre Borojó
      Borojó   Buchivacoa
Página 9
26-9-2007
Esta festividad se inicia con un repique de campanas y la asistencia de los devotos a la misa. Se hacen confesiones, bautizos, la sagrada eucaristía y le dan a la virgen una serenata con mariachi. Por la noche se lleva a cabo un baile popular con grupos musicales.

DÍA DEL COMERCIANTE

FUENTE   FIESTA FECHA   LUGAR
      PARROQUIA   MUNICIPIO
Arcadio González, Popular   02   de   enero
      Coro y Punto Fijo en los Municipios Miranda y Carirubana

---

"El Municipio Miranda y sus parroquias".

"Lo que está concebido es que fue el día dos de Enero de 1890 la fecha en se inicia la tradición de celebrar en la ciudad de Coro el Día del Comerciante,…la única región de Venezuela donde ocurre…hasta ahora, ha logrado también algún auge en la ciudad de Punto Fijo. Haciendo un poco de historia…durante las primeras décadas del siglo XX, el comercio en el Estado Falcón movilizado…para la importación y exportación por sucursales de casas comerciales como la Casa Boulton, Casa Blohm y…la Casa I. A. Senior e hijo.
Precisamente fue en este establecimiento comercial donde según la tradición oral se inicia la celebración del Día del Comerciante cuando Don Josías Senior, fundador y director principal…decidió dar el día libre a sus empleados, ya que estos estaban un poco mal con el trasnocho y el "ratón" como consecuencia de la celebración de fin de año y agregaba que por las calles de la ciudad de Coro andaban unos parranderos tocando al son del tambor coriano, cuestión que hacía muy festivo ese día con los cantos y la música.
…Los comerciantes, dándole realce a la celebración de su día…cerraban sus establecimientos…daban el día libre a sus empleados que se unían a la celebración y aportaban dinero y bebida para los que participaban ese día…que el pueblo llamaba el Día del Comerciante, porque eran quienes llevaban el compromiso del orden, la disciplina y el buen comportamiento de manera muy especial entre los años 1890 y 1900.

En la actualidad los comerciantes de Coro siguen celebrando esta festividad…contando con la participación de la Cámara de Comercio…y la gente que siente esta tradición tan nuestra que repercute en el ánimo y en el entusiasmo de la comunidad…unido al tambor, instrumento milenario que también ha hecho historia con su repique".

Nuevo Día   Popular   02 de enero
        Coro
        Miranda
Página 14
31-12-2007
En 1967, a través de un decreto emanado de la gobernación del Estado Falcón, se confirió al CICAF (Cámara Industrial Comercial y Agrícola del Estado Falcón) la responsabilidad de organizar y ejecutar las actividades alusivas al Día del Comerciante. Se inician desde temprana horas, 07,30 a.m., con fuegos artificiales. Más tarde se celebra la misa y se hace la ofrenda floral al libertador en la Plaza Bolívar. Esta fiesta se remonta a más de 50 años. Anteriormente se celebraba con desfiles, espectáculos musicales en las avenidas, competencias deportivas y otros juegos. El Día del Comerciante es una celebración única del Estado Falcón y no es día laborable en la entidad.

Nuevo Día   Popular   2 de enero
        Baraived   Baraived   Falcón
Página 32
29-12-2006

Se celebra el Día del Comerciante en esta localidad desde hace 62 años. Se elige una reina de las fiestas, peleas de gallos, exhibición de caballos de paso, juegos populares y una gran fiesta bailable amenizada por grupos musicales.

PEREGRINACIÓN AL MONUMENTO A LA VIRGEN DE SANTA ANA

FUENTE   FIESTA   FECHA   LUGAR   PARROQUIA   MUNICIPIO

Nuevo Día Religiosa   26 de julio   Coro-Caujarao   San Antonio-Santa Ana   Miranda

Página 37
27-07-2007
Manifestación religiosa con apenas 4 años de antigüedad e instaurada por iniciativa del alcalde de Coro, Rafael Pineda. Comienza con la concentración de los feligreses a las 5,00am en el monumento a la Virgen ubicado en Caujarao. A las 5,30am la imagen, que ha permanecido bajo custodia de los bomberos municipales, es entregada a las autoridades para iniciar así la peregrinación a la ciudad de Coro. Al pasar en romería frente al batallón "Atanasio Girardot", se hace un saludo a la Virgen de parte del personal militar y su capellán con oraciones y música de la banda marcial. Al llegar a la Catedral de Coro, 8,30am más o menos, se realiza la misa y luego celebración en la Plaza Bolívar.

FERIA DE LOS MÉDANOS

FUENTE   FIESTA   FECHA   LUGAR   PARROQUIA   MUNICIPIO

Nuevo Día Popular   Julio   Coro
Miranda
Páginas 7 y 8
30-07-2007
Estas ferias se realizan en el marco del cumpleaños de la ciudad de Coro (26 de julio). Están organizadas por el gobierno regional y municipal. Se presentan artistas regionales y nacionales, exposición de ganadería, artesanía, gastronomía, frutas y hortalizas, toros coleados, espectáculos .y ventas de gran cantidad de artículos. Se llevan a cabo en el Complejo Ferial "Pablo Saher", el paseo "Monseñor Iturriza" y algunas otras locaciones de la ciudad de Coro.

LA CUARESMA

FUENTE	**FIESTA PARROQUIA**	**FECHA MUNICIPIO**	**LUGAR**
La Mañana Estado Falcón **Página 4** **19-02-2007** **Licenciado Freddy T. Villanueva**	Religiosa	Miércoles de Ceniza a Jueves Santo.	Todo el

La Cuaresma son los 40 días que van desde el Miércoles de Ceniza al Jueves Santo y es el tiempo litúrgico de preparación de la Pascua de Resurrección. Se caracteriza por ser un período de penitencia. Es tiempo señalado para el recogimiento del ser humano,…compartir en familia, leer la Biblia y otros textos religiosos para meditar acerca de nuestra vida, nuestra conducta y tomar un rumbo que vaya en beneficio de todos. La Cuaresma…propicia para orar en compañía de amigos y familiares y agradecer a Dios por todo cuanto tenemos. El falconiano generalmente asiste a la iglesia, mantiene sus principios cristianos y confía en Dios como quien lo ayuda a salir adelante.

REPIQUE DEL TAMBOR
FUENTE   FIESTA   FECHA
LUGAR   PARROQUIA   MUNICIPIO

La Prensa Popular   30 de noviembre   Coro y municipios vario del Estado Falcón
Página 15
04-05-1996.
Enna Zavala, Promotora INCUDEF.
Tradicional fiesta coriana que inició "María Chiquitín", a quien se le ocurrió la idea de sacar el ·"Tambor" del barrio y llevarlo a la "ciudad" para repicarlo en señal de bienvenida a la navidad, un 30 de noviembre. Recibió marcadas críticas ya que muchos lo veían como un desorden callejero. Al morir María Chiquitín, cesó la salida del tambor por más de 20 años. Sin embargo, Olga Camacho toma la iniciativa de rescatarlo para lo cual revive a un grupo de músicos conformados por su esposo, hijos, sobrinos y habitantes del barrio. En su inspiración, lo lanza nuevamente a la calle un 30 de noviembre de 1965, en la Plaza La Alameda.

Así vemos que cada 30 de noviembre, el repique del tambor se hace sentir en plazas, universidades, instituciones educativas públicas y privadas, entes gubernamentales y hasta en algunas familias que realizan su repique del tambor particular.

Arcadio González, Popular 02 de enero Coro Parroquias urbanas Miranda **"El Municipio Miranda y sus parroquias".**

En el año 1903, el entonces Jefe Civil y Militar Interino del Distrito Miranda, Gabriel A. Reyes, dictó un decreto donde consideraba "Que el baile de tambor o mabil es un espectáculo que desdice en alto grado de la cultura y civilidad de los pueblos…llegando a afirmarse que con semejante espectáculo se ofende la moral pública". En dicho decreto de cuatro artículos, en el primero estableció la prohibición de llevar a cabo "dicho baile en las partes céntricas de la población", y en el resto de la ciudad establecía las condiciones, permisología, impuestos y penalidades para quien contraviniere tales disposiciones.

Luego de 53 años, veinte presidentes de estado y siete gobernadores, el gobernador Pedro Luis Bracho Navarrete, según decreto número 212 del 14 de noviembre de 1959, ordena que a partir de ese año "las navidades se celebren…en un ambiente de tradicional alegría". Este decreto disponía en su artículo primero: **"Repíquese el tambor coriano desde el 30 de noviembre en la noche"** .Además, en el aparte "d" del artículo 3 reza: "Doscientos bolívares (Bs.200,-) para el mejor Tambor coriano en esta ciudad"…

SANTA BARBARA

FUENTE	FIESTA	FECHA		
LUGAR	PARROQUIA	MUNICIPIO		

FUENTE	FIESTA	FECHA		
LUGAR	PARROQUIA	MUNICIPIO		
Enna Zavala y Coro, Cumarebo y La Vela Miranda, Zamora y Colina	Religiosa en los Municipios: **www.venaventours.com.fiestas**	3 y 4 de diciembre		

Festividad que celebran en algunas regiones falconianas los creyentes y seguidores del culto a Santa Bárbara…Se inicia en horas de la noche del día 3, preparando un altar en el que reposará la imagen. Este altar se hace con flores, frutas (en especial manzanas) granos, velas blancas y rojas, como ofrendas de sus devotos. También se le puede fabricar una capa nueva cada año, de color rojo. El día 4, los devotos asisten a una misa en su honor. Al regresar a la casa donde está el altar se da inicio al brindis con vino, ron o cocuy. El dueño de la casa pronuncia palabras de agradecimiento a la Santa, la rocía con aguardiente y le fuma tabaco; luego se reparten dulces y golosinas a los presentes. Seguidamente se inicia el toque del tambor, donde los presentes mas allegados (con alguna excepción) bailan con la Virgen. Finalizada la actividad en este lugar, los músicos prosiguen su homenaje a la Santa tocando el tambor en diferentes sitios hasta el amanecer.

MINI FERIA AGRÍCOLA, ARTESANAL Y PECUARIA DE LAS GUARABAS

FUENTE	FIESTA	FECHA		
LUGAR	PARROQUIA	MUNICIPIO		
Profesora e Guarabas	Popular San Luis	Julio Bolívar	Las	

Investigadora: Marisol Hernández

Desde 1978 se ha celebrado siete u ocho veces, justo antes del comienzo de las fiestas patronales, la Mini Feria Agrícola Artesanal y Pecuaria de Las Guarabas, como una manera de incentivar a los pequeños y medianos productores de la zona. Durante tres días se exponen muestras agrícolas, pecuarias y artesanales: quesos, animales, vegetales y ganadería de leche bovina y caprina.

Tipos de Rosarios

Rosario de Ánima o Cabos de año

El Rosario de Ánima o cabo de año es un rito que se realiza en conmemoración de la fecha de nacimiento de algún difunto o en conmemoración de un año más de fallecimiento.

Este tipo de Rosario generalmente no se canta. Se realiza tal cual se indica en la forma de rezar el Rosario.

Con relación al culto a las Ánimas, en la mayoría de los pueblos del estado Falcón se tiene la costumbre de colocar una vela en su honor todos los días lunes, en especial al Ánima de un ser querido fallecido. Se asegura que cuando por algún motivo se interrumpe con el culto de ofrendar luz a las Ánimas, estas no dejan dormir al iniciador del culto, sea pariente o no.

Novenario

"El concilio Vaticano II, 1962, ratifica: "La Iglesia ofrece a Dios, sufragios por los difuntos y cultos de la veneración de los santos y a los ángeles" (1).

En toda la geografía falconiana esta ceremonia se realiza posterior al entierro de una persona, (viernes posterior al entierro). Para la realización del novenario se prepara un altar, generalmente donde el difunto tenia fijada su residencia. El elemento principal del altar es la foto del difunto, imágenes de santos; en especial la imagen de la Virgen del Carmen, un rosario, un velón, velas, y flores.

En el municipio Federación, los novenarios se realizan en dos partes. La primera se le llama la "casita" la cual consta de 5 Padre Nuestro, 50 Ave Marías y 5 Glorias. 50 Ave Marías, ofrendas y dedicatorias La segunda parte consta de varias oraciones dedicadas a los misterios de la muerte, correspondientes a los 5 misterios dolorosos, las letanías que se rezan en latín, 5 Padres Nuestros, 5 Ave Marías, 3 Credos, la oración del ángel de la Guarda, siguiendo otras oraciones en la que se expresa la pasión y muerte de Jesucristo.

Este rosario generalmente se inicia a las 8 de la noche, el segundo, rezo a
Las 10 y el último a las 12m.

1ra. Parte: Llamada casita.

5 Padre Nuestros
50 Ave Marías
5 Glorias.

(1) Tomado del libro **"Sombra, camino y luz"**. Díaz, Ledezma, Cesar. P.

Después de los 5 misterios:

2da. Parte: Oraciones relacionadas al tema de la pasión y muerte de Jesús
(Misterios dolorosos).
La oración de la Salve.
Letanías en latín.
Oración al Ángel de la Guarda.

Otras oraciones relacionadas a la pasión y muerte de Jesús

Una vez concluida la ceremonia, se desmantela o quiebra el altar, se quitan las flores, se bajan las imágenes de los santos, la foto del difunto, las cortinas, las velas y los manteles. Al día siguiente los deudos acuden al cementerio a llevar las flores utilizadas en el novenario.

Últimas noches

El rito de últimas noches se realiza justamente para cerrar el ciclo de rezos llamado novenario el cual comienza el viernes posterior al entierro del difunto, y termina justamente el segundo sábado.

En el rito de últimas noches se realizan tres rosarios alternos, cada rosario es dedicado a cinco misterios; los primeros cinco misterios son los misterios gozosos, los segundos son los cinco misterios dolorosos y los cinco últimos son los misterios gloriosos, por tal motivo este rito suelen prolongarse hasta altas horas de la noche.

Novenas

No debe confundirse el novenario con las novenas dedicadas a la Virgen en sus distintas advocaciones y a los Santos. Muchas de estas novenas son establecidas por la iglesia católica y están sujetas a un orden, como por ejemplo: La Novena a la divina misericordia, a la Rosa mística, a la Virgen del Carmen, a José Gregorio Hernández, a San Judas Tadeo, a San Benito, entre otros. Las novenas consisten en realizar nueve oraciones distintas, nueve días antes del día dedicado a la entidad homenajeada. En el caso de la Novena a la Divina Misericordia, esta debe comenzar el viernes santo y terminar el sábado de la octava de pascua, donde se concluye con la Corona llamada "Corona a La divina Misericordia", y "Corona a la Madre de Dios de la Misericordia".

Para la realización de las novenas se toma en cuenta el día atribuido a la Virgen o al Santo homenajeado y se inicia nueve días antes con las oraciones correspondientes.

Rosario por dentro, cantados o llanito

Este se realiza dentro de la iglesia o en casa de alguna familia para celebrar el Rosario en familia. Para ello se preparaba, y aun lo hacen, un pequeño altar con las estampas e imágenes de santos.

En el municipio Falcón este tipo de Rosario se realiza de la siguiente manera:

1. Rosarios según la forma más generalizada instituida por la iglesia católica.
2. Al concluir el rezo del primer Rosario en la novena parte se canta la salve.

Con la salve a lo divino se inicia el Santo Rosario. Los cantadores colocados dos delate y dos detrás. Hacen la reverencia al pie del altar. Luego al terminar, cada misterio, con las diez Aves María, se le dedica la salve al santo al cual se le ofrece el Rosario.

La salve a lo humano es aquella dedicada a una persona para felicitarle o desearle bienestar y salud, pero siempre dedicada a algún Santo.

En Santa Cruz de Bucaral, municipio Unión se realiza un tipo de Rosario llamado "Rosario de Mayo", dedicado a la virgen, el mismo se canta y se reza en forma alterna.

Rosario por fuera

La manifestación tiene lugar en cualquier época del año, dependiendo al santo y a la entidad que se homenajea o se le paga promesa. Se realiza fuera de la capilla o iglesia, sacándose el santo o entidad, en procesión hasta el Oratorio o Calvario del pueblo; en una especie de andas o parihuela, cargada por cuatro personas generalmente del sexo masculino. Los devotos queman incienso, rezan y cantan acompañados por salveros contratados para la ocasión.

Este tipo de Rosario no solo se realiza a los santos. En la población de la Chapa, parroquia Guzmán Guillermo, del municipio Miranda se acostumbra a realizar a la Santísima Cruz donde efectivamente cargan la Cruz hasta el Calvario del pueblo llamado "Cruz de las piedras". También verificamos esta actividad en el sector Paso de en medio, municipio Bolívar en un Calvario llamado "La cruz del Mojan", construido por el señor Leonardo Arroyo aproximadamente en el año 1938.

Este tipo de rosario se canta y se reza de forma alterna por tal notivo también se le denomina "Rosario Gloriao" o "Rosario cantado".

En algunos lugares añaden un canto en homenaje a la Virgen denominado La Corona, el cual entornan al finalizar el Rosario. La letra esta inspirada en el Cantar de los Cantares.

Rosario sin Letanías

Tambien encontramos el Rosario sin letanías, y por lo general su estructura es más sencilla. Comienza con el anuncio a la Virgen, a la santísima Cruz, al santo que se ha ofrecido   promesa. El anuncio esta a cargo del guía, mayordomo o director del grupo musical.

1. Anuncio del Rosario:

"Santa Virgen del Rosario con estos cantadores y rezadores y con este ramo de flores del monte te agradecemos la gracia recibida al enviarlos la lluvia para que la cosecha no se pierda".

Seguidamente el rezador o guía comunica el nombre de la persona que contrata el rosario.

2. Anuncio de la persona que ofrece el rosario:

"Este Rosario Cantado, ha sido encomendado por el   señor (nombre) con nuestros corazones abiertos recíbelo Santa Virgen del Rosario".

En el primer misterio o "casita" se canta la salve que lleva el nombre del santo al cual se le dedica el Santo Rosario. Si el ente espiritual es San José, con esa salve concluye el quinto y último misterio.

Durante la realización del segundo, tercer y cuarto misterio se cantan salves dedicadas a otros santos, a la virgen en cualquiera de sus advocaciones, así como otros géneros musicales.

Velorios de Angelitos

Refería el propio Apolinar Cazorla Brito "que en los pueblos de la sierra coriana, los velorios de angelitos duraban hasta una semana, porque existía la costumbre de comprar el muerto. Esta compra consistía en mudar al angelito de una casa a otra, velándolo nuevamente e iniciando de nuevo los cantos. Lo de "compra" viene porqué el que se llevaba el angelito, debía correr con los gastos de los brindis para los asistentes. Los cantadores reclamaban el brindis que consistía en aguardiente (cocuy) tabacos para los hombres y vino para las mujeres en la forma siguiente:

La madrina es buena moza
el padrino es fanfarrón
la madrina los tabacos
el padrino el garrafón" (2).

(2) Soto, Navas, Eudes. Los Cantadores Serranos: Una tradición que aun vive. Revista Polémica. Pág.12, 13.
    Año IV. Nº 143. 20 de Nov. De 1976.
Velorios al niño Jesús
Muchos pueblos que conforman la serranía falconiana y la península de Paraguaná, celebran la navidad con alto sentido religioso. La fecha es propicia para acercarse a Dios a través de su hijo el Niño Jesús, propiciar la unión y reconciliación familiar y el compartir con los amigos.

Por lo general, la tradición se inicia el primero de diciembre con las parrandas y se afianza a partir del 16 con las celebraciones de las misas de aguinaldo para culminar el 14 de enero día del Niño.
Velorios de Santos

"El culto a los Santos, empezó por la veneración de las reliquias, sus sepulcros. Sus prendas, partes del cuerpo. Etc. Luego se hizo extensivo a los bienhechores de la iglesia; a los personajes del antiguo testamento; y hasta seres extraterrestres como el Ángel San Gabriel, San Miguel Arcángel, la santa cruz, etc." (3).

"Los Santos padres de la iglesia, repudiaron el culto de las imágenes religiosas, hasta el siglo IV, apoyados por Éxodo: XX. 2,5. – Un sínodo, en el año 787 se mostró favorable a las imágenes. La evolución de este culto fue en etapas sucesivas" (4).

"El VII Concilio General, II de Nicea, en el siglo VIII año 787, fue presidido por el papa Adriano I. Ratificó que los Santos si pueden interceder ante Dios a favor de los católicos. Acordó la Veneración a la Cruz, de las imágenes, de Jesús de María, de los Santos y de los Ángeles. Acordó que dicha veneración fuese por besos y reverencias" (5).

En el estado Falcón, los Velorios de Santos se realizan durante todo el año en épocas diferentes y de acuerdo a las costumbres de cada pueblo. Los devotos escogen la fecha para celebrar su onomástico, para rendir culto al santo de devoción, pedir algún favor a cambio de alguna promesa o pago de la misma.

Este tipo de velorio también es conocido como "Rosario Gloriao" ya que se canta y se reza en forma alterna.

Se celebra con música y se comparten bebidas y comidas.

Los Velorios de Santos se diferencian del Velorio o Rosario de mayo, ya que este último se realiza solo en el mes de mayo y es dedicado a la Virgen María.

Recogimos en la ciudad de Coro testimonio del Señor Cecilio Cabrera (tío político del autor), Rezandero y Salvero sobre la forma como su familia realiza desde hace mucho tiempo el Rosario a los Santos. Nos refiere: "Que su padre Valentín Rodríguez, quien murió a la edad de 86 años aprendió, el arte de curar por medio de las hierbas y la orina de un tío que residía en Churuguara, según Cecilio, su padre fue muy reconocido en el estado Falcón por practicar la medicina natural que incluso el Ministerio de Sanidad de ese entonces le otorgó licencia para ejercerla libremente, en reconocimiento a las numerosas curaciones que lo hicieron famoso; Cecilio expresa orgulloso que él igualmente aprendió de memoria las oraciones y recetas las cuales logró copiar en una libreta, ya que su papá era muy celoso con las cosas sagradas. En las anotaciones conserva toda esa tradición, además de una gran cantidad de Salves que hoy sirven de repertorio para cada Rosario que prepara, junto a su esposa Mireya Cazorla.

Uno de los procedimientos de curación que recuerda Cecilio practicado por su padre es aquel en el que utilizaba un vaso de cristal con agua y un crucifijo de plata el cual sumergía en el agua para luego diagnosticar el mal, previo al análisis de la orina del paciente.

Actualmente para la celebración del Rosario, Cecilio y Mireya preparan un altar consistente en una pequeña mesa cubierta con sábanas blancas y por encima un mantel bordado. Al fondo y en el centro una cruz de madera con la imagen de Jesucristo, de izquierda a derecha las imágenes del Sagrado Corazón de Jesús, el Ángel Gabriel, Rafael y el Arcángel Miguel. Delante de las imágenes colocan la fotografía del Sr. Valentín Rodríguez. A la derecha de la cruz colocan las imágenes de San José, San Antonio, la Virgen del Carmen y La Divina Pastora. Al frente de las imágenes ubican siete velas y un rosario.

Debajo de la mesa colocan un velón o luz perpetua que se mantendrá encendido hasta que se consuma totalmente.

Inicio del rosario:

1. Acto de persignación:

"En el nombre del Padre, del Hijo y del Espíritu santo". Amén.

2. Acto de persignación: Se hace la señal de la cruz, diciendo: Señor mío,

3. Jesucristo, Dios y hombre verdadero………

4. Oración a La Casa Santa:

5. La Oración de La Salve (cantada):

6. Oración al Rosario de María (cantada):

7. Oración a la Cruz:

Velorios de Cruz

"El hallazgo o invención de la Cruz, ocurrió en el año 326, y empezase inmediatamente, según las ordenes de Constantino y a la vista de la emperatriz Elena. La Iglesia Magnifica del Santo Sepulcro, que inauguró solemnemente en el año 335, en ella se depositó la parte de la Cruz que dejo en Jerusalén" (6).

"La Iglesia Católica instituyo fiesta para conmemorar la Invención de La Santa Cruz, el 03 de mayo del año 590 d. C, la cual poco a poco se fue extendiendo en todo el mundo" (7).

En distintas regiones del país, como en el estado Falcón desde época de la colonia "se promovió la formación de cofradías o hermandades religiosas que, a la usanza española, tendría la obligación de hacer todos los esfuerzos para que los homenajes a símbolos del cristianismo revistieran la solemnidad e importancia que habían adquirido en Europa" (8).

Existen registros del periodo colonial, que confirman celebraciones en honor al Santísimo Sacramento en las ciudades de coro para el año 1582, y Caracas en 1590. Puede presumirse que ya la población había comenzado a participar en ellas" (9).

Adoración del Niño Jesús

Durante los primeros días del mes de noviembre solía verse en las calles de la añeja ciudad de Coro, personajes venidos de varias localidades de la Sierra falconiana, llevando colgado al cuello, un cofre de madera con vidrios laterales que dejaba ver en su interior la imagen del Niño Jesús, vestido, y adornado con flores, colgando en una de sus manos o cuello "Promesas" o "exvotos" (pequeñas figuritas de oro o plata), ofrendadas por devotos por el pago de alguna promesa generalmente de salud o de cualquier otra índole. Estos cargadores además del cofre llevaban en una de sus manos una campanita la cual sacudían al momento de llegar a las puertas de alguna casa, para llamar la atención de los cabezas de familia y al mismo tiempo, exclamar en forma de saludo: ¡Dios en esta casa!, el cual era respondido inmediatamente   por los anfitriones adentro, eran atendidos por los miembros de las familias, quienes tocaban el cajón como señal de reverencia, se persignaban y realizaban algunos rezos y oraciones para consignar ante la imagen, alguna contribución en monedas como ofrenda, o "promesas" o "exvotos" en señal de gratitud por favores concedidos asociados a la salud, o cumplimiento de algún otro favor personal o colectivo.

"Las promesas a un santo, digamos al Niño Jesús, duraban entre siete a nueve años. El devoto renovaba la promesa si lo creía pertinente; si por el contrario, era olvidada, se rompía la promesa y el devoto le achacaba a tal incumplimiento, la responsabilidad por cualquier suceso o circunstancia adversa que se le presentaba en su vida" (10).

Realizado el acto devocional, brindaban un poco de café o agua al visitante y preguntaban: ¿De donde es el Niño? .A lo que respondía el cargador: "De La Chapa, Santa María, Cabure, La Peña o cualquier otro lugar según su procedencia. Terminada la visita el cofrade continuaba su recorrido.

En los pueblos ubicados en la parroquia Guzmán Guillermo y en especial la Chapa, tal celebración se extiende todo el mes de enero, por ser precisamente el Niño Jesús, el Santo patrón.

Últimamente esta tradición ha variado mucho, hoy la gente se encarga de festejar por su cuenta la fecha, pero siempre en torno a la misa e imagen del Niño Jesús. Los salveros y aguinalderos suelen recorrer la calle, visitando los pesebres de casa en casa y en algunas ocasiones dedican salves a lo divino a petición de algún promecero. Al final se liba licor y se comparten platos propios de la época.

Uno de los devotos que trajo la devoción al Niño Jesús desde la población de la Chapa a Coro fue sin dudas Apolinar Cazorla Brito.

También se destacó en este oficio Don Fernando Chirinos, cargador del Niño Jesús y de la Virgen.

(1*) Tomado de Díaz, Ledesma, Cesar. "Sombra, camino y luz. P. 137.

(2) Soto, Navas, Eudes. Los Cantadores Serranos: Una tradición que aun vive. Revista Polémica. Pág.12, 13.

Año IV. Nº 143. 20 de Nov. De 1976.

(3,4,5, y 7) Textos tomados del libro: Tomado del libro **"Sombra, camino y luz".** Díaz, Ledezma, Cesar. P.

(6*) Tomado del "I Taller sobre Velorio de Cruz". Guía de la fundación Gajillo de Carabobo. 2003.

(8,9) Textos tomados del Calendario de Fiestas Tradicionales Venezolanas de la Fundación Bigott.. Tercera edición corregida. Nº 1 de la Serie Cuadernos de Cultura Popular. Impresión. La Galaxia. Caracas. 2005. P. 8.

(10) Textos tomados del libro: "La Guinea Barrio Afrocaribeño de Coro, José Millet y Manuel Ruiz Vila. Impresión: Producciones Editoriales C.A. Mérida. P. 81.

(11*) Tomado de Díaz, Ledesma, Cesar. "Sombra, camino y luz. P. 137.

(6*) Tomado del "I Taller sobre Velorio de Cruz". Guía de la fundación Gajillo de Carabobo. 2003.

Paradura del Niño Jesús

Esta fiesta conmemora el episodio bíblico en el que La Virgen María, San José y el Niño Jesús huyen del Rey Herodes y buscan posada para refugiarse. En esta tradición de pasea al Niño Jesús por todo el pueblo haciendo parada en las casas (por eso se llama "paradura"). Participan los feligreses, invitados y padrinos. Estos llevan una cesta, un pañuelo con la figura del Niño y unas velas grandes. En la población de Pueblo Nuevo, municipio Falcón se realiza desde el 24 de diciembre al 02 de enero.

En la urbanización Alta Vista, calle Miramar, de Puerto Cumarebo del municipio Zamora se realiza esta tradición desde el 02 de febrero de 1.978, a partir de una promesa al Niño, el cual es bajado y entregado a sus 4 padrinos quienes lo adornan y luego pasean por el pueblo y sus alrededores. La imagen se acompaña de dos niños vestidos de pastores junto a los devotos que acuden con antorcha a agradecerle y a pagar sus promesas. Los niños son obsequiados con cotillones. Los adultos brindan con chocolate y vino, hacen peticiones y rezan hasta el amanecer. La fiesta es amenizada con grupos musicales.

En la Población de Casigua, municipio Mauroa la tradición data desde hace 100 años y se realiza entre el 26 y 30 de diciembre. Cada hogar recibe con cánticos la figura del Niño la cual es sacada a recorrer las calles para recibir los pagos de promesas por parte de sus devotos.

En la población de los Taques, municipio Carirubana, esta actividad se realiza desde el 24 de diciembre al 02 de enero.

Canturias al Niño Jesús

Una de las tradiciones iniciada hace muchos años en el estado Falcón es la tradición de cantar a los pesebres en época de navidad. Estas actividades se realizan en torno al nacimiento o pesebre confeccionados generalmente por personas adultas quienes convierten sus hogares en santuarios populares donde se dan cita propios y extraños, a decir, cantores, curiosos y devotos al Niño Jesús.

Entre los pesebres más populares tenemos en Coro el pesebre de elabora do por el Sr. Ricardo Torres en la Calle Aurora del sector Chimpire, el cuan sorprende por su magnitud y belleza a todo aquel que traspasa la puerta principal o se asome a través de los balaustres de las ventanas de la casa.

Igual ocurre en casa del Sr. Merwin Manuel Medina en el sector Bobare de Coro quien elabora su pesebre con diversos materiales y adornos.

En la calle El Sol, la familia Cazorla Jiménez todos los años elabora su pesebre al fondo del zaguán de la casa, allí el cultor popular Apolinar Cazorla Brito y los demás integrantes del grupo "Cantores de la Sierra" interpretaban cantos dedicados al Niño Jesús actividad que llevaron a cabo hasta el día de sus muertes. En la actualidad su hijo Simón Cazorla; hermanos Antonio, María, Marcos y Mireya; así como sus sobrinos Víctor, Francisco, Ángel David Cazorla y el autor de la presente obra han mantenido la tradición a través de las agrupaciones "Tricolor y "Sierra y Canto" .

La Prof. Rosalina Acosta y muchas de sus vecinas en la calle Urdaneta también se esmeran en colocar sus pesebres. El Niño Jesús que colocan es traído desde la población de Sabaneta con el fin de continuar con la tradición iniciada por sus abuelos hace muchos años.

En Coro se tiene la creencia de que quien monta un pesebre debe continuar haciéndolo por siete años.

Misas de Aguinaldo o Novenas al Niño

Tradición cristiana decretada por el Para Sixto V, a propósito de conmemorar la venida al mundo del Niño Jesús. Se realiza del 16 al 24 de diciembre de cada año y consiste en la realización de nueve misas, en las primeras horas de la mañana, las mismas van acompañadas con cantos alusivos a la navidad llamados también "Cantos de Pascuas" o "aguinaldos". Posterior a la eucaristía, se comparten entre los asistentes chocolates, cafés, galletas, panecillos y golosinas, igualmente se realizan en las plazas cercanas a las iglesias patinatas, en un clima de algarabía propio de estas fechas.

Echadura de agua

En el estado Falcón, especialmente en las zonas rurales, existe la costumbre de echar el agua a los niños recién nacidos. Tal acto rememora el bautismo de Jesús por Juan el Bautista. El ritual de purificación por inmersión o aspersión con empleo del agua se le hace a los recién nacidos antes del bautizo oficial de la iglesia católica y lo realiza un rezandero autorizado o no, especializado en tales menesteres.

En el seno de la iglesia católica "Hasta el siglo V, no se bautizaban niños; solamente se bautizaban adultos, suficientemente instruidos y privados en un catecumenado riguroso. El ritual era una triple inmersión total del cuerpo (11)".

Antes del ritual de echadura de agua los padres de la criatura nombran dos padrinos y dos madrinas; si es hembra, la madrina principal carga a las niñas y el padrino principal sostiene la cabeza; si es varón el padrino principal carga al niño y la madrina sostiene la cabeza. El otro padrino y madrina deberán sostener durante la ceremonia el plato con la sal o la vela encendida dependiendo también al sexo del recien nacido, a estos se les conoce como madrina de plato y padrino de vela o viceversa.

Recopilamos de Cecilio Cabrera, rezandero, y salvero, nativo de Coro, una de las formas por él conocidas de echar el agua.

Implementos utilizados en el ritual

Se emplear un pañuelito blanco, una vela, un plato pequeño, un vaso con agua bendita y sal.

Procedimiento

El oficiante inicia el ritual encendiendo una vela la cual deberá dejarse encendida una vez terminado el ritual en ofrenda al Cristo.

Continúan con la siguiente   oración: En el nombre del Padre,
del Hijo y del Espíritu santo

Amén.

Anuncio de la Intención:
Hagamos la intención bajo el poder de Dios,
Maria Santísima,
El misterio de la Santísima Trinidad,
las Once mil Vírgenes,
todos los Santos del cielo
 La santísima cruz,
 el dulce nombre de Jesús
el Cristo crucificado,
el árbol de la santísima cruz
y los dolores de la santísima Madre.

(Se hace la señal de la cruz, diciendo: Señor mío, Jesucristo Dios y hombre verdadero……….).
Continua:
Estamos reunidos en el nombre
de nuestro Señor Jesucristo
para bautizar a este niño, como fue bautizado
nuestro Señor Jesucristo por San Juan bautista
en el río Jordán.
por eso nos reunimos hoy
haciendo esta semejanza,
en el nombre del Padre, del Hijo,
y del espíritu santo
Amén.

(El oficiante pregunta tres veces y tres veces responden los padrinos)
Primera vez:

Oficiante: Fulano de tal.

Padrinos: Señor.

Oficiante: ¿Tú quieres ser cristiano?

Padrinos: Si, quiere ser cristiano

Oficiante a la tercera vez dirá:

"Si tú quieres ser cristiano, nosotros te bautizamos en el nombre del padre, del hijo y del Espíritu santo, San Juan Bautista, los Santos Apóstoles, San Pedro y San pablo y todos los Santos y la corte del cielo. Amén.

Cuando el oficiante pregunta: ¿Quieres ser cristiano (a) ?... (3 veces), se le coloca sal en la boca al niño (a), y un poco de agua bendita. Una madrina o padrino sostiene el plato con sal y la otra madrina o padrino, la vela. Al responder los padrinos: Si quiere ser cristiano (a)", entonces el oficial hace la señal de la cruz en la frente, en la boca y en el pecho del niño (a). Una de las madrinas o padrino coloca el plato debajo de la cabeza del niño (a) y el oficiante echa en agua en la cabeza de éste (a)".

Dicen todos los presentes:

"Nosotros, como semejanza de Jesús, y ella como semejanza de María, te bautizamos. Amén" (se reza un Padre nuestro y un Credo).

En algunos caseríos de la sierra se acostumbraba, posterior al acto de echadura de agua, realizar un rosario, anunciando los cinco misterios de gozo. Este tipo de rosario está en desuso.

Una vez terminado el ritual los padrinos, padres, familiares e invitados del niño o niña, celebra

BIBLIOGRAFÍA

Atlas Enográfico del Estado Falcón de Venezuela. "Fiesta popular ancestral Las Turas". Coro, Centro de Investigaciones Socioculturales del Instituto de cultura del Estado Falcón, 2009.

Atlas Etnográfico de Cuba (multimedia). La Habana, Instituto Cubano de Antropología (ICAN) y Centro de investigación y desarrollo de la cultura cubana "Juan Marinello", 2000.

Bettelheim, Judith (ed.): **Caribbean Festival Arts**. New York and London, 1988.

Catálogos del patrimonio cultural venezolano . Caracas, Instituto del Patrimonio Cultural, 2004-2005.

Cazorla, Luis: **Calendario de fiestas tradicionales populares del Estado Falcón** (libro en proceso de publicación.)

Cultura Popular Tradicional Cubana. La Habana, Centro de Antropología, 1999.

Diarios regionales del Estado Falcón: **Nuevo Día, La Mañana** y **La Prensa**.

Diccionario Enciclopédico. Prefacio de Jorge Luis Borges. Madrid, Grijalbo, 1995.

Feliú Herrera, Virtudes: **Fiestas y tradiciones cubanas**. La Habana, Centro de Investigación y desarrollo de la cultura cubana Juan Marinello, 2003.

Millet, José and Rafael Brea: "Glossary of Popular Festivals", in Judith Bettelheim (ed.) **Cuban Festivals. An Illustrated Anthology.** New York and London, Garland Publishing, INC., 1993.

Millet, José y Rafael Brea López: **Grupos folklóricos de Santiago de Cuba.** Santiago de Cuba, Editorial Oriente, 1986.

Millet, José; Rafael Brea y Manuel Ruiz Vila: **Barrio, comparsa y carnaval santiaguero**. Santo Domingo, Ediciones CEDEE- Universidad Autónoma de Santo Domingo, 1994.

Millet, José y Manuel Ruiz Vila: **La Guinea, barrio afrocaribeño de Coro**. Coro, Instituto de Cultura del Estado Falcón, Centro de Investigaciones Socioculturales, 2007.

Nietzsche, Friedrich: **El nacimiento de la tragedia**. Madrid, Alianza Editorial, 1972.

Rodget s Thesaurus of synonyms and antonyms. Miaimi, SPI, 1987 edition.

Royston Pike, E.: **Diccionario de religiones**. México, fondo de Cultura Económica, 1960.

Encarta.Premium 2.Diccionarios bilingüe inglés-español y español-inglés. Microsoft, 2009.

Fuentes primarias:

Entrevistas grabadas por miembros del Equipo de Estudio del Centro de Investigaciones (CISCEF) de Incudef, integrado por José Millet, Eduardo Concepción, Oscar Lázaro, Luis Cazorla, Enzio Provenzano y Enna Zavala. Nilda Arratia,

Norma Vargas,
Orlanis Zambrano;
Marisol Hernández;
Agencia Bolivariana de Noticias;
Luis Cazorla;
Yanelys García;
Arcadio González;
Fuentes consultadas en internet:
www.venaventours.com.fiestas

Ficha del autor-editor:

José Millet (Holguín, Cuba, 1949-)

Escritor y etnólogo, docente de la Universidad de Oriente, con sede en Santiago de Cuba, donde se convirtió en fundador en 1982 de la Casa del Caribe y desde donde hizo investigaciones y dictó cursos, ciclos de conferencias y otras actividades de promoción del Festival del Caribe, Fiesta del Fuego, en varios países de la región caribeña, entre ellos Venezuela. En este país contrajo matrimonio con una docente venezolana y se estableció, además de fundar el centro de investigaciones socioculturales del INCUDEF, a cuyos promotores culturales formó como investigadores para elaborar el Atlas Etnográfico cltural del estado Falcón, de Venezuela y el Caribe.